中国人とはどういう人たちか

日中文化の本源を探る

趙方任

論創社

はじめに

日中の文化を比較する際、「マナー」や「素養」の違いはよく指摘される点である。そして必ずと言っていいほど挙げられるのが、中国人の「割り込み」行為である。列に割り込むどころか、最初から列を作らない。いや列が作れないという現象にもよくぶつかる。中国のバス停での乗車風景を一度でも目にすれば十分だろう。

バスが止まってドアが開くや、降車する人を待つことなく、乗車する人は先を争って乗り始める。バトルは繰り返され、降車できない人、乗車できない人も少なくない。こうしたバス停での混乱状況を知るバス運転手は、混乱を減らそうとするのか、敢えてバス停から数メートルから十数メートル離してバスを停車させる場合がある。乗車しようとする人が一団となってバスを追う姿は滑稽ですらある。

「人口が多いから争わないと乗れない」とマナー無視に理解を示す人もいる。しかし「先を争う」「先を急ごう」とする心理は、もはや中国人の思考傾向の一部分になってしまっているようである。

たとえば空港の搭乗口では、登場手続き時間になっていないのに、多くの中国人が荷物を持って並び、一歩でも早く機内に入ろうとする。このような光景は中国各地の空港で日常茶飯事である。荷物が多いから早く場所を確保したいと言うならわからないでもないが、次のような話を聞くと、中国人である筆者でさえ苦笑するしかない。

数年前、全国の出版社の社員で構成された大型海外訪問団は、人数が二〇〇人近くだったので、チャーター便で行くことになった。ところがこの知識人訪問団といえる彼らでさえ、空港で荷物を預けると、すぐさま先を争って並び始め、おまけに小さないさかいまで起こしてしまった。そのとき団員の一人が「なぜ争っている？われわれはチャーター機だよね」とつぶやいたという。

確かに、なぜ中国人は先を争うのだろうか。そうした現象が起きる文化的要因は何であろうか。

また子どもの育て方も日本とはかなり異なっている。

日本で育児中の若い中国人の母親がある日の朝、子どもを保育園に預けたところ、慌てていて、不注意から子どもの手をドアに挟んでしまった。子どもが大声で泣き出すや、その母親はとっさに「どうしたの？　誰がやったの？」と大声で子どもに訊いた。

子どもの手を見て、すぐドアに挟まれたことに気づき、そして子供を慰めるように「このドアが悪い。ママがやっつけてやる」とドアを叩きながら言った。

ところが子どもは泣きやまず、それを見ていた日本人の母親が少し難詰するように「お子さんがケガをしたかどうか、まず確認するのが先でしょう？　なぜ誰がやったなんて犯人捜しなどを真っ先にするの？」と言った。

この若い中国人の母親はそのようなつもりなどまったくなく、ただ子どもを慰めるために言っただけで、中国ではごく普通のやり方だった。

子どもが転んで泣き出した場合、日本なら母親が「痛いの痛いの飛んでけ」などと言うところだろうが、中国では「この地面が悪い、うちの子を痛くしたこの地面め、ママがやっつけてやる」と言って地面を殴る格好をする。こうした子どもの慰め方は今に始まったわけではなく、中国の子どもの精神形成にまで強い影響を与えている。こうした「慰め方」の奥にはどのような文化的要因があるのだろうか。


一方、中国人から見て理解できない日本人の行動様式もある。その一つが恋人同士でも割り勘にすることである。

デートでの食事も、コンビニでの買い物も、それぞれ自分の財布を出して、別々に会計する風景は日本では珍しくない。だが中国人はこうした場面にぶつかると、愕然とし、「これで恋人同士なのか」と疑ってしまうほどである。

中国でも最近は「割り勘」にする人が次第に増えている。特に若者たちの間ではその傾向が強い。しかし恋人同士や家族同士となると話は違ってくる。特にデートで男性が割り勘でもすれば、即座に「ケチ」の烙印が押され、評価が一気に下がることは間違いない。おそらく女性の友人たちは異口同音に言うだろう、「そんな男とはさっさと別れるべきだ」と。中国人のこうした「金銭感覚」「人間関係の距離感」の形成の奥には、やはり何か文化的な要因があるように思える。


「はじめに」を終わるにあたって、一つの中国の笑い話を紹介しておく。

ある男性が奥さんと大変、楽しそうにしゃぶしゃぶを食べていた。そのとき一人の若くて、美しい女性が夫婦のテーブルにやってきて、その男性に非常に言いにくそうにしながら、しかし決然と言った。「私は妊娠したんです！」と。

それを聞いた夫婦は一瞬、言葉を失い、夫が黙っていると妻は激怒し、夫の顔を平手打ちし、グラスのビールを夫の顔にぶちまけ、次にはビール瓶を夫の頭に叩きつけようとする勢いだった。

夫はそれでも状況が飲み込めていないのか、ただ茫然としていると、その若い女性がさらに言葉を続けた。「あなたのタバコの火を消していただけませんか」と。
これは笑い話である。この話を聞いた日本人は、おおむねそのような妻の出方は「ありえない」という反応だが、中国人がほぼ全員「あり得る」と答えたのは実に興味深い。

このように、いくつかの実例からは日中両国の文化の差、国民性や価値観の違いが歴然と見えてくる。日本と中国は地縁的に近いだけではなく、歴史的、文化的なつながりも強く、韓国が「漢字」を捨てた今、「漢字」を国字として使う国は台湾を含む中国と日本しかない。こんなにも近く、同じ「儒教文化」の影響を受けた国であり、同じ「漢字圏文化」なのに、なぜ文化も性格も価値観も異なるのだろうか。その根本的な要因はどこにあるのだろうか。

現在、中国では政治的な側面とそれと密接に結びついている報道姿勢もあって、中国は日本の「師匠」であり、「祖先」だと自認し、現実を無視して日本を見下そうとする中国人が少なくない。

確かに、歴史を遡れば「遣隋使」「遣唐使」に始まって、日本は中国から漢字、仏教、儒教をはじめとしてさまざまな文化を学び、中国を「師匠」としてきたことは事実である。しかし十九世紀末から二〇世紀初頭、中国の民主革命志士である梁啓超《りょうけいちょう》、黄興《こうこう》、章炳麟《しょうへいりん》、陳天華《ちんてんか》、孫中山《そんちゅうざん》などは日本に一時逃れ、日本に拠点を置いて革命活動を行なっていた。日本は間接的に中国の革命運動に貢献したとも言えるのである。

「物質」「哲学」「共産」「主義」などの現代用語は中国が日本から移入した漢字である。現在では日本語の「腹黒」「違和感」「婚活」「素人」「萌」などは、そのまま中国語として広く使われている。日本の漫画やアニメが中国の若者たちに浸透しているのは言うまでもない。このような事実を無視すると、他者の良さを見落とし、結果的に自分自身を小さくするだけである。

一方、中国や中国人に対するマイナス報道ばかりをする日本の一部メディアも、結果的には自分自身を小さくする「自尊自大」行為につながるだろう。

そもそも目の前に起きる現象ばかりに目が奪われ、根源的な要因を把握しようとしなければ、真の理解は難しい。そうした状況が続くかぎり、対等な交流や友好関係は築けないだろう。

本書は中国人とはどういう人たちなのか、という問いをみずからに問い直し、その国民性の特徴を分析、探求する試みにほかならない。

中国人とはどういう人たちか？——日中文化の本源を探る

目次

はじめに　i
第一章　「鎌倉幕府時代」と「宋王朝」は日中文化の分岐点
第一節　武士と文人　2
第二節　封建と集権　9
第三節　地方と中央　19
第二章　会社と家庭
第一節　日本社会は「契約重視で会社のようだ」　28
第二節　中国社会は「血縁重視で家族のようだ」　32
第三節　会社型と家族型　44
第四節　血縁とポジション　52
第五節　国罵　59
第六節　出家と出世、そして出軌　66
第七節　墓をめぐって　70
第八節　天皇と皇帝　76
第九節　法と孝　81
第十節　信と義　87

第三章　会社型社会の光と影
第一節　集団と個人　94
第二節　横暴老人は会社型社会の特産？　98
第三節　マニュアル化の社会　107
第四節　会社型社会における企業の部外パワハラ　116
第四章　家族型社会の特質
第一節　官と民　128
第二節　公と私　133
第三節　縦と横　139
第四節　内と外、恥と面子　149
第五節　人情と民主　156
第六節　中国式平等概念　163
第七節　集団忍耐力　170
第八節　家庭内ソフト暴力と善意暴力　177
第五章　悪の文化
第一節　「二頭の虎」　186

第二節　死に方は同じだが本質は異なる　191
第三節　尊びと蔑み　197
第四節　罪文化、恥文化、恨文化、中国は？　204
第五節　結果重視　210
第六節　終わるに終われない　214
おわりに　222

第一章　「鎌倉幕府時代」と「宋王朝」は日中文化の分岐点

第一節　武士と文人

「中国」と言われて、とっさに思い浮かべるのはなんだろうか。

北京、上海、広東などの地名？万里の長城、始皇帝兵馬俑、麗江などの名所？北京ダック、麻婆豆腐などの料理名？共産党、文革大革命など政治的な名称？爆買、経済的急発展などの経済的な現象？

何を思い浮かべるかは、その時の状況や中国に対する知識や感情にも左右され、人それぞれだろう。しかしこのような直観的な「印象」を聞くのではなく、中国文化の「中核」を表すキーワード、中国伝統文化を代表するキーワードは何かと聞いたら、どんな答えが返ってくるのだろうか。

これはなかなか難しい質問かもしれない。視点を変え、重きを置く側面を変えても、答えはやはりさまざまになってくるだろう。そもそも一国の文化を一つの言葉で表わすのは無謀な話かもしれない。

それでも敢えて中国と比較することになる日本文化の「中核」を表すキーワード、あるいは日本伝統文化を代表するキーワードについて、考えてみることにする。

外国人観光客的な発想では、「寿司」「清酒」「温泉」「舞妓」「漫画・アニメ」「浮世絵」「和牛」「和服・浴衣」「花火」「火山」「地震」「台風」などが思い浮かびそうである。いずれも「興味や関心」が向きそうなものばかりである。


二十世紀初頭、東洋文化をあまり知らない欧米人は、町で中国人を見たら「料理人」、日本人を見かけたら「忍者」か「武士」と考えていたようだという紹介を読んだ記憶がある。これは笑い話として紹介されたものだが、実は詳しく知らないからこそ、逆に的確にその国の人間の「特徴」を捉えているのではないかと思われる。「中国人＝料理人」は海外進出した「華僑」の多くが中華料理関係の仕事をし、欧米人社会でいちばんなじまれていたことに起因するだろう。一方、「日本人＝忍者、武士」は旅行家、探検家、あるいは宣教師たちの日本紹介本に由来していると思われる。

外国人の中には「忍者」を「武士」の一種類、あるいは武士組織の一つと見ている人が少なくない。そのためか、腕などに「忍者」という文字を入れ墨している欧米人を日本で目にすることが何回かあった。彼らは「忍者」につきまとう「秘密性」「闇の世界」「陰の人間」といったイメージを好むわけではなく、あくまでも「忍者」を「武士」の特殊部隊だと勘違いしているようである。

つまり一部の欧米人の日本認識には「日本人＝武士」とし、武士は日本古代社会の代表階層であり、封建藩国の支えであり、国政の担い手だと考えているふしがある。そのため、この「武士」が日本伝統文化の代表的なキーワードとして欧米人に選ばれたとしても一理ありと言えるかもしれない。

では「武士」も「武士道」もなかった中国の代表的なキーワードと言ったらなんであろうか。そもそも日本の「武士」に相当する階層があったのだろうか。

中国古代社会の代表階層として国政の担い手であり、独自の価値観および美意識を持つ、つまり日本の武士に相当する「存在」は「文人」だった。この「文人」が中国の伝統文化を理解する重要なキーワードにほかならない。

では「文人」とはどんな人たちだったのだろうか。

実はなかなか説明しにくい。なにせ「文人」の定義がもともとないし、その概念はすこぶる曖昧で、基準も不明瞭だからである。広義では文人＝知識人、つまりインテリとなるのだが、国政の担い手となると、狭義の文人＝官吏、あるいは官吏登用試験である科挙試験に合格した知識人となる。

先ずは日本の「武士」と比較しながら、中国古代の「文人」の特質を探ってみたい。

①「文人」は世襲ではない。

江戸時代の日本では「武士の家庭に生まれると武士になった」のと対照的に「文人」は基本的に世襲ではなかった。つまり一所懸命学び、一定の学問水準になれば、誰でも「文人」になれた。学ぶには一定の経済力が必要だったとはいえ、たとえ身分・家柄がなく、貧しい家庭出身でも出世のチャンスは与えられていたのである。「文人」は固定の組織でもなく、人間グループでもなく、等級社会を構成する人間たちの一階層でもなかった。その意味では、日本の武士とは異なり、「文人」は特権階層でもなかった。

②「文人」の歩む道、目指す目標は皆同じで、科挙試験受験、そして合格だった。エリート「文人」になるとは、「官」になることだったのである。

学業を積み重ねて科挙試験に臨み、「挙人」に合格すれば、補欠候補だが「官」になる資格を持った。さらに上級のレベルに合格すれば、上級官僚になれる資格が与えられた。少数の例外はあるが、基本的には、これが中国の「文人」の歩む道だった。科挙試験に不合格（通常は何回か受験する）だった場合、生計のために塾の先生になるケースは「文人の負け組」のもっともポピュラーな道だった。「官」でないと「俸禄」という給料はもらえなかったが、科挙の最低資格の「挙人《きょじん》」になっていれば、地方官に会うとき、庶民と違って跪《ひざまず》かなくてもよく、その意味では「文人」は特権階層だった。

③「文人」は最強の中国伝統文化の担い手である。

「文人」のエリートは「官」となり、国の政治、運営の担い手になった。出世できなかった「文人」も含めて、中国の制度、歴史、経済、文化芸術、天文、地理、礼儀作法、哲学、宗教、いわば人文科学、自然科学のあらゆる面でその創造、記録、伝承のもっとも重要な担い手だったのである。

④「文人」は共通の理念を持つ。

独特な価値観、美意識を形成した「武士道」には及ばないが、中国の「文人」は共通の理念、あるいは信仰を持っていた。「文人」の目標である科挙試験の受験科目が「儒学」のみであるという事実が示すように、「文人」の共通理念は「儒教」だった。

武士が自分の主人に忠誠を尽くすのに対して、「文人」はあくまでこの共通の理念、つまり「儒教」の教えに忠誠を尽くす。そのため至上の権力者である皇帝の命令が「儒教」

の教えに背いていた場合、「文人」は死を以て戒める、いわゆる「死諫《しかん》」は歴史上に記録として何度も現れる。

「文人」は儒教の価値観を自分の価値観とし、儒教の枠組みで行動するという集団である。彼らは忠実な儒教守護者であり、儒教伝道者でもあった。これこそ「文人」の生き甲斐であり、人生の正道と考えていた。ほかの宗教、たとえば中国のオリジナル宗教と言っていい「道教」や、インドから中央アジア経由で伝来した仏教などについては「趣味の範囲」に過ぎなかった。

⑤

一部の「文人」はグループに生きる。

「文人」に属する人たちは同じ目標、同じ道を目指し、しかも狭き門で競争するため、他人すべてがライバルと言ってよかった。「文人相軽」（文人相軽んず）という言葉が示すように、「文人」は他の「文人」を見下す傾向があり、他の「文人」を抑え込もうとする傾向もあった。また「文無第一」（文に第一無し）ということで、「文人」という枠組みの中で歴史を見ると、トップがなかなか存在し得なかった。そのため儒教の創始者・孔子を頂点に置いた。しかし共通の信念を持ちながら同じ朝廷に仕えていても、「文人」は結束力に欠けていた。つまり「文人」は一つの組織ではなかった。

ただしその一方で共同利益を最大限追求するため、「文人」たちは数多くの小集団を形成した。つまり「文人」には派閥が多い。最初は「同郷会」、科挙試験の「同期会」、そして科挙試験時の「師弟関係」などである。明時代（一三六八〜一六四四）の「東林党」のように、政治政党を形成し、国政を牛耳る全国区の大派閥にまで発展した例もあった。

⑥「武士」は死に方を追求し、「文人」は生き方を追求する。

「窮則独善其身、達則兼善天下」（窮すればすなわち独り我が身を善くし、達すればすなわち兼ねて天下を善くす）と言われるように、「文人」は柔軟に環境に対応し、まるで政治家のように処世術に長けていた。

このように見ると「武士」と「文人」は、まったく異質の「人種」と言えそうである。この両極端な両者こそ、日本文化と中国文化を代表するもので、「武士と文人」は日中文化の相違をまざまざと見せてくれる縮図でもある。

日本では「武士」の活躍があったからこそ、幕府は誕生し、諸藩国の封建制度確立につながったとも言える。「武士」は日本の政治体制確立の主因であり、制度運用上の主力でもあった。

一方、秦の始皇帝に始まる中国の「郡・県制」は大量の実務官吏を必要としたため、いくつかの官吏選抜制度を経て、最後に科挙試験という官吏選抜システムに行き着き、「文人」集団が誕生したのである。つまり、「文人」は中国政治制度の産物だったのである。

第二節　封建と集権

日中両国の政治制度、言い換えれば国の構造について比較してみよう。本題に入る前に中国の歴史および政治制度の変遷を簡単に紹介しておきたい。

伝説時代（紀元前二一世紀以前）
　三皇五帝《さんこうごてい》という伝説の帝王はおそらく部落、あるいは部落連合の首領。

夏王朝（紀元前二一世紀～紀元前一六世紀）
　王、貴族、一般人、奴隷という社会構成だったと推測される。

商・殷王朝（紀元前一六世紀～紀元前一一世紀）
　王、貴族、一般人、奴隷という社会構成だったと推測される。

周王朝（紀元前一一世紀～紀元前七七一年）
（西周）封建の始まり。

（東周）　藩国の体制は夏・商王朝体制の継承だと推測される。
春秋戦国時代（紀元前七七〇年～紀元前二二一年）
　諸子百家が大活躍した時代。中国の哲学、宗教の源を作ったが、後世のような「文人」グループの形成には至らなかった。
秦王朝（紀元前二二一年～紀元前二〇六年）
　初の全国統一。郡県制の始まり。
漢王朝（紀元前二〇六年～二二〇年）
　漢字、漢民族、漢方、漢文など「漢」の字がつく言葉が長期安定政権の影響の強さを物語る。
三国魏晋南北朝（二二〇年～五八一年）
　衒学《げんがく》・清談《せいだん》が盛んとなる。日本の卑弥呼が中国の歴史書に登場。
隋王朝（五八九年～六一八年）
　短い王朝だが日本から遣隋使が送られた。
唐王朝（六一八年～九〇七年）
　科挙試験が始まる。日本では中国からの文化移入が盛んとなる。
五代十国（九〇七年～九六〇年）

小国乱立時代。

宋王朝（九六〇年〜一二七九年）

中央集権強化の時代。「文人」が台頭。

元王朝（一二七九年〜一三六八年）

モンゴル民族政権。「吏」が大量に誕生。

明王朝（一三六八年〜一六四四年）

「文人」隆盛の時代。「党」を結成して政権を主導。

清王朝（一六四四年〜一九一一年）

満洲民族政権。「師爺」「幕僚」の肩書で下級「文人」が活躍するチャンスが増えた。

中国五千年の歴史はざっとこのような流れだったが、日中の政治制度を比較するとわかるのだが、実は中国は「封建国家」ではなかったのである。

中国の中・高校の歴史教科書では自国の歴史を「奴隷社会、封建社会、半封建半植民地社会、資本主義社会、社会主義社会…（将来共産主義社会）」と大枠で括っている。これによると紀元前二二一年に秦の始皇帝が中国史上初めての統一国家を作ってから、ラストエンペラーとして日本にも関わりのあった清朝最後の皇帝・愛新覚羅溥儀《あいしんかくらふぎ》が退位するまでの時期を「封建社会」と呼んでいる。あるいは一八四〇年のアヘン戦争以降、欧米列強が中国を侵略し、植民地を作った時期を「半封建半植民地社会」と呼ぶ場合もある。

筆者が学んだ頃からそれは現在まで変わっていない。こうした歴史の括り方に学生時代は少しも疑問を持たなかった。しかし歴史を学び直して「封建」を「分封建国」という視点で捉えてみると、中国の前述のような「歴史の括り方」に大きな違和感を覚えざるを得ない。「封建」とは「分封建国」の略で、主に男系親族や功労者をある地域に封じて、自分の藩国を建国させることである。もちろん「封建」の概念は多様な意味で使われているのは事実だし、アジア、ヨーロッパ諸国の歴史を見ても、さまざまな形の「封建制度」のスタイルが存在していたのも事実である。

初めての統一国家・秦誕生の一代前の周王朝は、本格的な「封建制」を敷いていた。周王朝はその前の商王朝を倒し、政権を握ったが、周王は親族や商王朝打倒の功労者を各地に「分封」し、「建国」させた。「分封」された者は「忠誠、貢納、軍事出兵」が課せられる一方、国管理の自治権が与えられた。周王である「天子」は治める土地を「天領」としたが、しかしその土地は広大というわけではなかった。

周が封じた二桁にも及ぶ大諸侯国の中に、もちろん周王一族の「姫《き》」姓の諸侯が一番多かったものの、「姜《きょう》」姓の「斉国」や「嬴《えい》」姓の「秦国」があるように、血縁関係のある周王の一族とは限らなかった。つまり周の「封建」は「一族による国統治の安定化」と「功労者への論功行賞」の二重の意味を持っていたのである。これこそ中国の本格的な「封建」時代だった。

時代が下って、次第に「宗主」であるはずの周王室の力や統帥力が落ち、一部の「封建国」が強大となり、「天子」を凌駕し始めた。やがて各諸侯がそれぞれ「王」を称するようになり、「封建国」が新しい盟主になろうとして覇を争い「春秋戦国時代」（紀元前七七〇～紀元前二二一）を迎えることになるのである。言葉の通り、戦国時代になると、僅かに保ってきた「宗主」周王室の権威も皆無となり、「封建制度」はもはや「名」ばかりで、事実上崩壊してしまう。そして戦国七雄の一つである秦国が他国を滅ぼして、全国を統一し、「秦帝国」が成立すると、それまでの状況が決定的に変わった。

こうして一つの「封建国」に過ぎなかった秦が次々に他の「国」を平定し、統一国家を建国したのだが、秦は一部を除いて、国家統一の政治制度として「郡県制」を取り入れた。「漢書・地理誌」によれば、秦は全国に三六の郡を設置した。その後、増設し四七郡（四八郡の説もある）となった。国の統治を諸侯（封建国）に任せず、皇帝（中央政府）が任命した官吏に託した。これは今の日本で中央政府があり、地方では四七の都道府県があるのと同じだと説明したいところだが、根本的な相違点がある。秦の郡や県の長官は選挙によって選出された者ではなく、すべて中央政府の任命によった。理屈で言えば、すべての面において、中央政府の命令や指示に従わなければ、いつでも自由に交替させることが可能だった。つまり秦は紛れもなく、究極的な中央集権制度を作り上げたのだった。

秦に代わった漢帝国は秦の「郡県制」を継承した。秦の歴史がわずか一六年ほどと短かったが、漢帝国は前漢、後漢合わせて四〇〇年を超える歴史の長い王朝であり、政治制度など後世への影響も大きかった。漢の後、魏晋南北朝と隋は「州制」を、唐・宋は「道（路）制」を、そして元・明・清は「行省制」をそれぞれ敷いた。名前こそ異なっているが、後世各王朝の制度の本質は秦・漢とまったく変わらず、中央集権制だった。

最初の礎を作った秦はなぜ周に倣い、「封建制度」を取らなかったのだろうか。その理由はいくつか考えられる。

まず秦は国の構造改革で軍事力、経済力、総合国力が数段アップし、頗る充実した。「郡雄争覇」の戦国時代を戦い抜いたわけで、能力的にも、意識的にも直接全国を管理するだけの力を備えていた。

そして国の中に別の法律やルールが適用できる諸侯国の存在は「法制建国」を目指す大方針とは、相容れない部分があった。

さらに周王室の衰微、および「封建」制度の崩壊を直接目にした秦の統治者は「封建」を周王朝滅亡の諸悪の根源と見なし、敬遠したことも否定できない。

しかしこのような理由があったとしても、「封建」は完全になくなったわけではなかった。秦が「郡県制」と平行して、小規模な「封建」を採用したのは、「伝統」への配慮と功労者への「褒美」という両面性があったからである。

漢に至って、秦の「郡県制」を継承したが、異なる点もあった。漢が実施したのは実は「郡―県」の二等級制と「国―郡―県」の三等級制の併存システムだった。漢の景帝の時、諸侯国による「呉楚七国の乱」（紀元前一五四年）が発生した。漢帝国は乱を平定した後、封建制の反省に立って、全国を二等級制に改め、諸侯国の勢力を削いだ。これはまさに後世に「範例」を作ったのである。その後の歴代中国王朝は、ほぼこの形を踏襲し、たとえ一部に「封建」制度が残されても（どの王朝も小規模に過ぎない）、「封建」を受けた「王」や「侯」など「諸侯」は財政権や人事権、自前の軍隊を持つどころか、領地さえ与えられず、「封建国」に行くこともできず、都に釘付けにされた者さえいた。反乱への警戒が厳しかったことがわかる。このように見ると、中国の「封建制度」は形ばかりで、歴史的には正真正銘の「中央集権」国家体制が維持されてきたのである。

つまり中国の「秦から清まで」の古代社会は中央集権の政治体制であり、「封建」があるものの、あくまで非主流で、付属的、形骸化された現象に過ぎなかった。

中国の「中央集権」制度をよく表す言葉がある。それは「普天之下，莫非王土，率土之濱，莫非王臣。」（普天の下、王土にあらざるはなく、率土の浜、王臣にあらざるはなし）である。『小雅・北山』にあるこの言葉、「すべての土地は皇帝のもの、すべての人民も皇帝のもの」と言っているのである。絶対の所有、絶対の臣従を表すこの言葉を中国の歴代王朝、官僚、知識人を含めて誰も疑う者はいなかった。

もう一つの言葉がある。「天無二日、民無二主」（天に二太陽なし。人民に二主なし）である。『礼記・曾子問』に見えるこの言葉は権力の一極集中を言っている。「太陽は一つ、人間社会に君主は一人」という意味である。

これはもはや「契約」関係などではなく、君主に対する絶対の服従を強制する「教え」にほかならなかった。つまり中国式中央集権制は「服従を強制する側」と「服従を強制させられる側」の構図を強固に孕んで生まれたと言っていいだろう。

中国では、秦の全国統一から清までの統一国家を「大一統」と表現する場合がある。「大一統」とは、単なる「統一」の意だけでなく、「権力の集中」「集権の誇示」という意味合いも含まれている。一方、「中央集権」に対して「地方自治」があり得るが、中国では歴史的に地方政権林立状態を「分裂」「乱」「乱華」（中華を乱す）という言葉で表現し、歓迎しない事象として歴史書にはしばしばこれらの言葉が登場する。

この統治制度は中国という共同体の文化意識に次第に浸透していった。司馬遷の『史記』を始め、正統な歴史書と位置づけられている歴代王朝の歴史を記録した「二十四史」の歴史観にも強い影響を与えた。この正史の歴史観「統一とは中央集権制」は、国を治める本道と認識され、民衆も受け入れていくことになった。

たとえば五代後晋（九三六〜九四六）の初代皇帝である石敬塘《せきけいとう》は契丹《きったん》（本来はキタイ）族の力を借りるために、燕雲十六州（「燕」は現在の北京周辺、「雲」は現在の大同周辺。現在の中国の河北省と山西省にまたがる地域）を契丹に割譲した。この一件で中国歴代皇帝の中で、「大・小」「全国統一・未統一」「有能・無能」「賢帝・愚帝」に関係なく、唯一の「売国奴」と呼ばれる皇帝となった。中国歴史上、連盟政権や連邦政権が基本的に見当たらないのも、正史に記されていることの「正統論」が根強かったからだと言えるだろう。

中国歴代の「大一統」を遂げた強大な王朝は周辺の国々や民族を傘下に取り込もうと「朝貢」体制を築いた。「朝貢」の形は一様ではなかったが、基本的には中国への「朝貢」を許すことで「盟主」と認めさせ、一方で相手を「保護」することを約束した。面白いのは、中国は朝貢品より数十倍もの返礼品を相手に贈っていたことである。これは「大一統」政権を「支持」した見返りであり、中国がいかに「統一中央集権」に拘っていたかが伺える。

中国式中央集権制では都に中央政府（朝廷）が置かれ、全国を管理・統治した。地方政府の地方官は基本的に朝廷が任命・派遣した。そのため人物登用試験の科挙合格者や地方から推薦された「賢良者」たちも、たとえ地方への任官であろうとも、いったん中央に集約された。地方官の考課、異動、免職などもすべて中央に一本化、管理された結果、権力は極端に中央に集中することになった。

この中央集権体制は高級官僚から下級地方官まで、「官」であるがゆえに彼らに権力者の一員、権力の執行者、さらには権力の代行者という意識を強く持たせた。こうして「官と民」の間に「統治者対被統治者」という「対立」構図が生まれた。ここで言う「対立」とは「衝突」「対抗」の意味ではなく、「立場の隔たり」と言ったほうが適切かもしれない。「官と民」に連帯感や一体感が欠ける大きな要因となった。これについては後述する。

日本の場合はどうだろうか？

大化の改新前の大和朝廷時代は、天皇家を最右翼とする有力氏族連盟の政治体制だった。有力氏族らはそれぞれ勢力を及ぼしていた地盤である土地を持っていたことは言うまでもない。その後の平安貴族時代なども同じで、贅沢な貴族生活を支えていたのはそれぞれ地元に持っていた荘園、つまり土地からの収入だった。ここで明らかなのは「普天之下、莫非王土」（普天の下，王土に非ざるはなし）のように、天下の土地はすべて帝王の土地（領土）という概念がもともと薄かったということである。これはその後、幕府による「藩国」制度が受け入れられやすい土壌を作り上げていった。

鎌倉、室町、そして江戸幕府での具体的な姿はそれぞれ異なっていたが、江戸幕府で完成形を迎えた。「宗主」である将軍は土地を一族の物や功労者に与え、「藩国」を認める一方、忠誠を誓わせ、いくつかの義務も負わせるシステムは、まさに本格的な「封建」制度にほかならなかった。

日本は「封建」政治、中国は「集権」政治。この「封建」と「集権」は両国の文化的相違の根源的な要因になっていったと思われる。

第三節　地方と中央

「封建制」と「郡県制」の相違を説明するのに、「封建性は地方分権体制であり、郡県制は中央集権体制である」と解釈する説がよく見られる。

この説明はわかりやすいのだが、厳密に言うと「封建」は現在、日本でもよく言われる地方自治、地方分権とはかなり違っている。

前節で述べたように「封建」とは、主君が土地を与え、藩国の建立およびその統治、管理、運営などの権利を認めると同時に、忠誠を誓わせ、いくつかの義務を負わせることである。

藩国は「国の中にある国」で、まがりなりにも一つの「国」なので、与えられた権利は絶大と言ってよい。主な点を列挙すると、

①土地（領土）の使用権と自衛権
②藩国内の人民の支配権
③財政独立権
④司法権と施政権と裁判権
⑤藩国内の人事権
⑥土地や鉱山などの開発権
⑦軍の保持権

などがある。特に「軍の保持権」は「封建」と「地方自治、地方分権」の大きな相違点である。

一方、負わなければいけない義務もある。

①忠誠を誓う。主君の命令には従わなければならない。
②貢ぐ。

③定期的に主君に謁見しなければならない。
④戦争勃発時には主君の招集命令に従い、軍隊を派遣する。

中国の周王朝の場合、定期的謁見については厳しいルールが定められていた。「一不朝、削其爵。二不朝、奪其地。三不朝、六師移職」（『孟子』「告子章句下」）である。一回謁見を怠ると爵位を下げる。二回怠るとその土地を取り上げる。三回怠ると軍隊を派遣して、武力で藩主を追放するというものだった。謁見は忠誠の表れであり、諸侯の反逆を未然に防ぐ目的もあった。

軍についても、やはり細かい定めがあった。周王室は一四師の軍を持っていた。そのうち、宗周（都の鎬京《こうけい》）に八師、洛邑《らくゆう》に六師を置いた。一つの師は二千五百人なので、周の天子は常時三万五千人の軍を抱えていた。各地に封じられた諸侯について「大国三師、中国二師、下国一師」だった。つまり大藩国は七千五百人の軍を、中藩国は五千人の軍を、そして小藩国は二千五百人の軍を持つことが許されていた。

日本の幕府による「封建」システムは実は周の制度と共通点が多いと言える。忠誠の表れである「謁見」どころか、藩主は都に留まらなければならず「参勤交代」制度まで生まれた。

また中国の古典には「千乗の国」「万乗の国」などの表現がよく見られる。この「乗」は、国の大きさを表す代表的な言葉である。「乗」とは馬に曳かれる戦車のことで、戦争では一乗、つまり一両の戦車に三人の甲冑を着た「甲士」が乗り、後ろから七二人の足軽が付いていき、ほかに二五人の後方支援要員を含めて、一〇〇人で一つの戦闘単位となった。軍の規模が国の規模を示していたことになる。日本の幕府では「石」で藩国の規模を表していた。「石」は米の産出量だが、言うまでもなく「石高」に応じて戦争時には定められた数の武士、足軽、馬まわりを派遣しなければならなかった。

だがこの軍についての定めが遵守されなくなると、「封建」制度そのものが脅かされる状況になり、やがては「封建」の終焉につながっていった。春秋時代に五大強国（春秋五覇という）が、戦国時代には七大強国（「戦国七雄」という）が相次いで表れ、主君にあたる周天子の権威を無視したのは、いずれも軍の強大化によったもので、周王室の衰微及びその滅亡も自身が持っていた軍事力で諸侯を圧倒できなくなったからである。日本でもまた同じように「討幕」を強く唱えたのはやはり軍事力の強化に余念がなかった薩摩藩などであった。

千数百年の隔たりがあったにもかかわらず、中国の周と日本の幕府のこれらの共通点から見れば、形式的な「謁見」などより、「軍」こそ「封建」制度の基盤であり、「封建」の運命を左右する要素であったことがわかる。そもそも日本の将軍が「征夷大将軍」の称号をもらい、幕府を開き「封建」制度を維持できたのは、天皇にない「軍」を掌握していたからである。もっと厳密に言えば、「軍」を指揮していた部下を掌握していたからである。つまり部下による

「軍」の所持権を認めるのは「封建」の前提だったのである。

中央集権制度における「軍」の扱い方はどうなるだろうか？

中国各王朝の軍制を仔細に紹介する余裕はないが、「封建」の場合と違って、基本的には中央政府が軍の指揮権を握った。広い全国各地に駐屯していた軍隊にはそれぞれ将軍や将校なり部隊指揮官がいたが、それらの指揮官たちは最終的には中央政府の命令に従った。地方長官を軍政責任者とはしなかったのである。

ところが何らかの理由で地方長官に軍の指揮権も委ねた例は、歴史上少なくない。しかもこのようなケースでは、結果的に「乱」が起き、国の滅亡につながる事態に立ち至ったことも少なくなかった。

南方への征服戦争と北方の万里の長城駐屯など軍を活発に動かしていたが短命に終った秦、戦争が続き、政権交代が頻繁だった三国魏晋南北朝、不安定な政情で短命だった隋王朝などは除外して、安定長期政権だった漢王朝と唐王朝を見てみよう。

漢王朝時代、最上位の地方長官は「郡守」だった。その後、郡守を監視する「刺史《しし》」を置いたが、郡守の二〇〇〇石に対して、刺史はわずか六〇〇石でねじれ現象が生じた。元帝の時、地方の動乱を考慮し、郡守と同じ石高の二〇〇〇石の「州牧《しゅうぼく》」を設置した。しかも戦乱頻発の時代状況から州牧に軍事指揮権も与えた。これは結局、州牧の強大化を招いた。

「三国志」でもよく知られている「十八路諸侯討董卓《とうたく》（十八路諸侯董卓を討つ）」中の「十八路諸侯」の大半がこの州牧だった。地方長官の軍事関与の強大化は、結局、漢王朝の滅亡につながり、三国鼎立の時代を招いた。唐王朝時代、地方節度使だった安禄山《あんろくざん》、史思明による「安史之乱」は平定されたものの、楊貴妃を死に至らせ、唐王朝の凋落につながった。これもやはり軍事権の地方「移転」によるものだった。

「封建」制度にとって、地方での軍事権の保持はその前提条件となるが、中央集権制度にとって、地方での軍事権の掌握は国難を招きかねない。これを認識していたかのように、宋王朝は成立間もなく、よく知られた「杯酒釈兵権《はいしゅしゃくへいけん》」という政策を実行した。これは五代十国の「後周」時代に殿前都点検（近衛軍司令官に相当する）だった趙匡胤《ちょうきょういん》がクーデターを起こし、みずから皇帝となり「宋王朝」を開いた。宋の太祖となった趙匡胤は漢、唐、そして五代十国の戦乱は節度使が地方で軍事力を持ち、強大化したからと判断し、皇帝となる以前からの部下だった趙普と図って節度使から軍権を奪うことを考えた。あるとき宮殿の酒宴で、それまで自分を支えてきた近衛軍の将校らをそれぞれ実権の無い節度使に任命し、莫大な金を与えて老後に豊かな生活ができるよう取りはからうことを約束する代わりに、その兵権、つまり軍事指揮権を取り上げたという。これが「杯酒釈兵権」で、この「杯酒釈兵権」は一連の政策の代表的な事例に過ぎず、その後も多くの施策によって、中央集権の強化をやり遂げた。特に軍事権の中央集中化は目玉政策で、文人を軍事畑のトップに据えたこともあった。デスク組を制服組の「上」に置いたというわけである。そのため帝国軍事力の弱体化を招き、北方少数民族政権に対抗できなくなったという指摘もないわけではない。しかし中国歴史上、文人の地位の確立と繁栄をもたらし、中央集権の完成形を実現させたのだった。

日本最初の幕府・鎌倉幕府の成立は、この宋王朝末期の時代だった。日本からの遣隋使、遣唐使の時代は日本が中国からさまざまなものを学び、それを自国の文化に取り入れていった時期だった。そして宋王朝の末期の日本は「封建」制度の道へ舵を切ったと言える。これより二〇〇年ほど前の宋王朝前期に中国は「中央集権」の完成形に近づきつつあった。こう見ると鎌倉幕府と宋王朝が並んでいた時期が日中両国の政治体制上の歴史的な分岐点になっていたと言えるだろう。

第二章　会社と家庭

第一節　日本社会は「契約重視で会社のようだ」

朝起きたら、夫婦はキスをして、「愛している」と言葉を交わす。新婚夫婦ならいざ知らず、日本や中国で長年こうした朝を迎えている夫婦はいったい何組いるのだろうか。生憎、このような統計データは知らないが、少なくとも筆者の周囲では日中両国人を含めて「皆無」に等しい。

これが欧米人の生活スタイルということになると、数字はかなり違ってくるに違いない。東西文化の違いであり、内向的でシャイ、感情表現が下手な東洋人にとっては難しいのかもしれない。あるアメリカ育ちの日本人学者が言っていたことを思い出す。「アメリカは契約社会で、夫婦関係でも同じだ。つまり毎日キスをして、「I love you」と告げるのは「契約」の再確認であり、「契約」をしっかり履行しているという宣言でもある。これをきちんとやらないと、相手は疑心暗鬼となり、夫婦関係にひびが入る」と。

欧米人の夫婦関係について、この御仁の捉え方が「正論」なのか、筆者には判断できないが、欧米の文化的背景には「契約社会」の要素が強いことは確かだろう。たとえばキリスト教の『聖書』は「新約聖書」「旧約聖書」、いずれも神と人間との「契り」、いわば「契約」がその根底にはあるように思う。

この「契約」という面から考えると、西欧の国家体制で長く維持されてきた封建主義体制も中国や日本のそれとは異なっているように思える。無論、西欧の封建主義体制といっても、一様でないことは言うまでもなく、これから述べることはあくまでも大変大雑把な捉え方である。

欧州の場合は領主やその土地の実力者がその地域の支配を認められ、それなりの地位を与えられる代わりに、臣従（貢納・軍事奉仕等）関係を義務づけられる、つまり土地と軍事的な奉仕を媒介とした教皇・皇帝・国王・領主・家臣の間の契約に基づく主従関係によって形成される分権的社会制度である。つまり主従関係とはいえ、絶対的な所有ではないし、絶対的な支配でもない。あくまで「契約」であり、互いに履行しなければいけない「義務」である。

日本の状況はどうか？

平安時代の政治体制は有力豪族、いわゆる氏族の連盟政治体制だったと言える。天皇家はその中の一番有力な一族だが、完全支配とは言えなかった。この時代、日本はまだ完璧な「封建主義体制社会」にはなっていなかった。

鎌倉、室町、安土桃山時代を経て江戸幕府に至って、ようやく「天皇——将軍——藩国」という封建主義政治体制が確立された。将軍を頂点に親族や体制維持に功績のあった功労者に「地位や石高」を賜り、領地を与え（分封）て「藩国」を持たせ、自治権を認めた（「建国」あるいは「建制」)。

「分封建国」が認められた藩国の領主は主君に対して負わなければならない義務があり、大まかには①忠誠を誓う　②貢ぐ　③定期的な主君への謁見　④有事での軍や人員、物質の提供か直接参戦の義務、という四つがあった。

一方、藩には一定の自主権が認められていた。つまり主君の直接的な命令や干渉などを受けずに、領主が自己裁断で藩を支配できた。この自主権が強ければ強いほど「封建」(分封建国)の精度は高まると言えるだろう。この自主権には、おおよそ次のような四つがあったと思われる。

①自前の軍の保持権。中国の封建主義体制では、いずれの時代でも「分封」は実施したが、その大部分は「軍の保有権」を認めなかった。しかも後世になればなるほど「反乱防止」策として、この制度は強まった。

②財政権。これは単なる税収や賦役の徴収、管理、使用だけではなく、貿易権、土地の売買、分配権、新規農地の開拓権、水利整備などのインフラ整備権なども含まれていた。

③人事権。

④司法権。

これらの要素を見ればわかるが、いずれも国のもっとも重要な権限であり、藩国はこれらの自治権をすべて持っていたことから、日本の幕府政治は典型的な封建社会だったと言える。

このように権限を与える代わりに義務を負わせたわけで、日本の封建も一種の「契約」と見ることができる。さらに天皇と将軍の関係についても、数多くの権力闘争があり、たくさんの綱引きがあったものの、結果的に天皇は将軍を「征夷大将軍」に任命することで「契約」は成立したと言えるだろう。

契約関係は天皇、将軍、大名、小藩主という上層部、中間管理層に留まることなく、一人一人の武士にまで及んだ。たとえば「契約」のもっとも重要な部分である戦争のとき、一人の武士が招集されたら、ただ単身で加われば良いのではなく、石高に応じて非戦闘員の準備や馬、武具も自分で調達しなければならなかった。

結ばれた契約はもちろん解約もできる。

幕府初期にはこのようなケースは少なく、罪を犯した武士を追放する程度だったと思われる。幕末になると大量の仕える主がいない浪人が出現した。その理由はさまざまだろうが、みずから主君との「契約」を解約した人もいるはずである。複雑に絡んでいた関係をひとまず措いて、形だけで言えば、「大政奉還」も契約解除に相当するのではないだろうか。

契約を結んで働き、戦争時の戦闘にしろ、平和時の諸庶務にしろ、その働きに応じて、契約時に決められた「石高」に従い「俸給」をもらう。基本的に忠誠を尽くし、一生働く。場合によって、契約を破棄してしまう可能性もある。これはどう見ても、今の会社と従業員の関係に近く、日本の封建社会は現在の会社の構図と似ている。筆者はこれを「会社型封建社会」と呼びたい。いや日本の終身雇用型企業は封建システムの構造と思想を継承したと言ったほうが事実に近いかもしれない。

第二節　中国社会は「血縁重視で家族のようだ」

中国の歴史及び社会を語るのに、「罷黜百家、独尊儒術」（百家を罷黜（はいちゅつ）＝排斥し、独り儒術のみを尊ぶ）という言葉抜きには考えられない。

「百家」は諸子百家《しょしひゃっか》ともいい、中国の春秋戦国時代に現れた学者・学派の総称である。春秋戦国時期は中国歴史上、思想や主義、主張が非常に多く現われ、それらに基づいて活躍する人びとが盛んだった時代である。道家《どうか》、墨家《ぼっか》、法家《ほうか》、儒家《じゅか》、縦横家《じゅうおうか》、兵法家《へいほうか》、雄弁家《ゆうべんか》などの学派が次々に出現した。このような状況の勃興には、いくつかの特徴が見られる。

① 当時は言論統制がなく、各学派は自由に弁論し合い、互いに切磋琢磨していた。しかもどの学派も萌芽期であったため、どの学派にも「権威」がなく、他の学派への「先入観」もなく、各学派とも自信に満ちていた。

②　各学派は互いに批判したり、相手の足をすくったりしたが、既得利権による合従連衡はなく、血生臭い争闘といったものはほとんどなかった。
③　「天下制覇」「天下統一」のために純粋に哲学的な学問探求に専念する学派は少なく、積極的に世に進出しようと各封建国に積極的に売り込む学派が多かった。

こうして諸国で戦乱が続いていた時代に各学派は主張の内容により、その盛衰の明暗が分かれた。

・「墨家」
墨子を代表とする墨家は「博愛非攻」、つまり博愛平和を唱えていたため時代に合わず、ほとんど重視されなかった。

・「道家」
老子、荘子を代表とする道家は究極の真理「道」への哲学的な追究や「人法地、地法天、天法道、道法自然」（人は地に法《のっと》り、地は天に法り、天は道に法り、道は自然に法る。人は大地を模範とし、大地は天を模範とし、天は道を模範とし、道はおのずからあるべき姿に従う）という「自然に逆らわない、ありのままの生き方」を唱えていた。後世になると、中国のオリジナルの宗教と言える道教の誕生に論理上、大きく寄与したが、戦国時代だった当時、「争覇」「戦乱」という時代の特徴に合わずほとんど重視されなかった。

・「雄弁家」
公孫龍《こうそんりゅう》を代表とする雄弁家はロジックに長け、弁論においては技巧派だが、「争覇」のためには役に立たず、ほとんど重視されなかった。

・「縦横家」
蘇秦《そしん》、張儀《ちょうぎ》を代表とする縦横家は外交官のような役割を果たし、一時的に脚光を浴びたが、国と国が最終的雌雄を決するときには力不足だった。

・「儒家」
孔子を祖とし、後世「国教」にまでなった儒家だが、当時は各諸侯国の王には重用されなかった。その理由は以下のように考えられる。

① 「仁」「礼」を重視し、人徳と礼儀で国を治める徳治主義を唱えたため、覇権を目指す諸侯たちには向かなかった。

②　儒家は「宗法制度」（後述する）を社会構成基盤とする周からの古い伝統を受け継いでいた。しかし覇権を争っていた周の諸侯は下剋上を目指し、周からの脱皮を狙っていて、儒家とは正反対の道を目指していた。

・「兵法家」
孫子《そんし》を代表とする兵法家は戦乱の時代だけにもっとも重用された。兵法家はどの諸侯国にも重用され、孫武《そんぶ》、孫臏《そんぴん》、楽毅《がくき》、李牧《りぼく》、王翦《おうせん》、呉起《ごき》、廉頗《れんぱ》、趙奢《ちょうしゃ》、白起《はくき》等々の名将を輩出した時代である。しかし諸子百家の中で真の勝者は兵法家ではなく、法家だった。兵法家は一戦一戦を勝利へ導いていくのに対し、法家は国の総合国力を増強させる思想だったからである。

・「法家」
韓非子《かんぴし》、商鞅《しょうおう》、李斯《りし》らを代表とする法家は法律を整備し、厳格な法律執行で全国を管理、統治しようとする学派だった。諸侯国の中で、秦は商鞅から李斯まで数代に渡って「法治」を行い、成功を収め、国力を増強させ、最終的に「覇権争い」を勝ち抜いて全国統一の秦帝国を建設した。

以上、簡単に諸学派を見てきたが、その誕生の時期と社会状況から積極的に社会と関わろうとした学派が多かった。後世、中国人が「現実主義」重視という民族的思考性を強めていくのに大きく影響を与えたと思われる。この点については、後述する。

「法治」の秦帝国は短命に終わった。諸侯国時代を除いて、帝国としての建国から数えれば、わずか一六年の歴史だった。秦の滅亡について「南方遠征及び万里の長城での大軍の駐屯などによる軍の疲弊」や「滅ぼされた諸侯国の残存勢力がまだ強かった」「宮殿、高速道路、万里の長城など大工事を相次いで行い、民を疲弊させた」「二世が愚かで暴政を敷いて民の反発を招いたという政権交代失敗」などの理由がよく挙げられるが、誰もまだ慣れていなかった「法」が非常に厳し過ぎたということも滅亡理由の一つだったと思われる。

自分の手で秦帝国を倒して、新しい漢帝国を作った統治者は「秦の失敗」を直接目にして、秦の「法制」という統治政策を反面教材として捉え、「法制」からの脱却を図ろうとした。もちろん悪政と見られていた「法制」からの脱却は自政権の優越性を強調する効果もあった。

そこで漢の統治者が「法制」に代わって白羽の矢をたてたのが「儒家」で、それが漢の武帝時代に始まった「独尊儒術」だった。つまりほかの諸子百家を排除して儒家のみを尊び、「国教」にまで格上げしたのである。中国はこれで政治制度面では「中央集権」、思想面では「儒家」に統一されることになった。

儒家が選ばれたのは偶然ではなく、統治に有利だったからで、その主要点は儒家が主張していた「宗法《そうほう》制度の継承」と「孝」だった。

家族、宗族、血縁の絆を機能的に確立させた「宗法制度」をわかりやすく説明すると、「嫡長子継承制度」ほかならない。

つまり正妻が産んだ長男が家を継ぐ制度で、この制度は遅くとも西周王朝時代（紀元前一〇四六頃～紀元前七七一）に遡ることができる。西周王朝時代、この制度は貴族階層ではすでに定着していた。その後、短命の秦帝国を経て、漢帝国時代になると、儒教が「国教」として定められた。そのため、この儒教の核心思想である「五倫」にある「父子」「夫婦」「長幼」を重視する「孝道」と結びつく形で「宗法制度」は急速に一般庶民の間にも広まっていった。

ここで「宗法制度」の概要をごく簡単に紹介しておく。

宗法制度でいう嫡長男継承制とは、小さい一家族の話ではなく、血縁関係のある数多くの「核家族」を束ねた大家族の話である。たとえば「祖」となる父親は家族内ですべてを決める絶対的な権力を持つ。その父親が亡くなると、嫡長男が財産と家族の指揮権を継承し、新しい「家主」になる。嫡長男が亡くなると、その人物の嫡長男が継承する。この継承は単なる財産継承だけでなく、家族の管理・支配権、諸事情の決定権など家族内のあらゆる実権を継承する。

極端な例だが、漢時代に父親の妾たちも自分の側室として継承した記録が残されている。これは父親の妾たちの再婚による財産流出防止策だったと考えられている。

嫡長男以外の兄弟たちが成人して結婚し、自分の小さい家庭を構築しても、基本的に同じ地域で聚居する。世代が引き継がれ大家族になると、これが「宗族」となる。嫡長男を「宗子」と呼び、族長を務め、宗族の指揮権を握る。嫡長男以外の兄弟が独立し、そちらが新しい「祖」になることもある。新しくできた一宗を嫡長男系統の「大宗」に対して、「小宗」と呼ぶ。さらに分けることも可能だが、「別宗」と呼ぶ。もちろん、嫡長男の「大宗」の当主は「族長」になり、宗族の最終決定権を握る。

言うまでもなく、これは父系家長制であり、女性は結婚したら夫の宗族に入るわけで、元の宗族のままではいられなかった。

族長の権限はかなり大きい。一族共有の祖先の祭祀、族財産の管理、生活区域の環境整備から私塾開設まで、各種行事や慶弔行事、子供の将来など、ありとあらゆる面に及んだ。主な権限には、少なくとも次の四点があった。

① 祖先祭祀権。

祖先祭祀を重視する中国社会において、祖先祭祀は一種の権利であると同時に、権威の表れであり、宗族の求心力の源でもある。宗族は基本的に一族の祖先を祭る「祠堂」を持つ。ただこの祠堂で主祭として一族の祖先を祭れるのは大宗の族長だけで、小宗の主は大宗の祖先まで祭ることができず、小宗の祖まで、一般の宗族の構成員は自分の両親まで等々、細かい定めも多かった。こうした行事を通じて、一族に帰属感を持たせ、孝道など儒教の美徳を身につけさせた。

② 一族の経営及び「族産」の支配権。

宗族内の各家庭の私有財産のほかに、基本的に一族共有の「族産」がある。族産は大体「族田」の形で保持され、その収入は天災に備えたり、族内貧困家庭への援助を行ったりするのに使われた。たとえば両親を亡くした孤児の代わりに葬式を行うなどである。また族産を利用して、塾を開設し、一族の子供に教育を提供するなどの経営活動を行う。この「族産」で塾を設け、先生を招き、子弟の教育に力を入れていた宗族は少なくなかった。このような一族の子弟に限られてはいたが、基礎的な教育がほとんど普及していない時代では、若年者の素養向上に貢献した。

③ 族内人事権。

ここでいう「人事権」は宗族によって、その権力の及ぶ範囲が異なったが、会社や国や自治体などの人事権と違って、公私両方に影響が及ぶ場合が少なくなかった。公の面では、たとえば一族所有の組織の人事や塾の人事などがある。一方、私的な面では、一族のメンバーの結婚相手選びや家督の変更などについても、族長の了承を得なければならないケースも珍しくなかった。

④族内の裁判権。

族長の権限には一族の「族規」(宗族の法律)の実践があった。「族規」は一族の安定を守り、一族の子弟を誤りなく導くためのもので、罰則が設けられているのが一般的だった。この罰則は厳密に言えば、「私刑」にあたるが、たとえば一族の女性の不倫が露見して、族長がその女性を死罪に処したとしても、族長が国の法律で処断されることはあまりなかった。もちろん理屈上では政府の役人が司法裁判を行う。つまり訴訟などの裁判権は国が持つ。しかし一族内のトラブル、特に窃盗などの軽犯罪や不倫などの民事は族長によって裁かれる場合が多かった。映画やテレビドラマの場面にもよく登場するが、「私刑」を下す事例も多々あった。

このほか、族外、たとえば他宗族との交渉などの権限も基本的に族長が握っていた。また宗族の重大事項を決めるとき、族内の元老を集め、衆議する場合もあったが、やはり族長が最終の決定権を握っていた。

中国の宗族は一家族を最小単位として構成された大家族であり、これらの大家族が各地で多数の宗族を形成し、それらが集まって国の基盤を構成することになった。まさに「〝国〟・〝家〟」を形成していたのである。国の官公庁、役人などの「官」と平行して「宗族」という組織が存在し、「宗族」は一族（庶民）に寄り添い、庶民の生活に密着していた。宗族は庶民の生活を管理監督、指導し、また援助した。宗族は概念でもなく、生活から離れた遠い組織でもない。家族が社会という最小基礎単位だとするなら、宗族はそれを束ねる存在であり、「民」と「官」をつなげる装置とも言えるだろう。宗族は中国社会を構成する揺るぎない太い柱にほかならなかった。筆者が中国社会は日本の「会社型」とは異なる「家庭型」だとする理由である。

こう見れば、一つの宗族はあたかも一つの独立「王国」のようで、族長はそのトップに立って君臨する。しかもこの「王国」は血縁で結ばれているだけに強い結束力がある。そして中国という国は無数のこのような宗族によって、その社会基盤が形成されていた。

『論語』の教えにあるように、「父母在、不遠遊」（父母在せば、遠く遊ばず）という考え方が強く支持され、宗族から離れて生活する例は少なかった。そのため、一つの宗族が同じ地域に定住し、一つの部落、村、町を形成するのは珍しくなかった。現在でも「周荘」「趙村」「馬家屯」「柳鎮」のような地名は各地に見られる。そのほとんどが宗族による居住区だった。そしてその居住区の長、いわゆる村長、町長、鎮長などを族長が務めるか、族長が指名した者が就くことが多かった。

封建時代の居住区の長は現在とは違って、まだ「官」の人間とはなっていなかった。ただし実質的な庶民管理の基盤単位だった。これら「長」は「官」と「民」の間に介在し、結果的に統治の基盤を支えていたわけで、中国の統治底辺には「血縁」が絡んでいたと言えるだろう。

宗族の基盤は同じ祖先を持つ、同じ血統の「家庭」にほかならない。そして家庭は親から子へ繋げる「絆」となり、その「絆」の本質を「孝」と捉えているのが儒家である。前述した漢の武帝が「独尊儒術」という国策を取ったのも「孝」に着目したからだった。

「孝」は尊敬であり、崇拝であり、奉仕であり、服従である。これは忠誠の「忠」に共通する要素が多いので、皇帝を中心とする統治者は庶民意識にすでに根を下ろしていた「孝」を「忠」に置き換えて、統治を強化するために「忠・孝」一体化の教化改造に腐心し、「独尊儒術」の樹立によって、中国では次のような意識構造が打ち立てられた。

① 皇帝は「天子」、つまり「神の子」と自称し自分を神格化した。神の子であるため、

民という人間より格上ということは言うまでもなく、神が人間を作ったのだから人間の祖先でもある。その神の子こそ、人間の「父」に当たり、代々、民の「父」という存在になっている。

このような教化構図は中国だけではなく、多くの国で見られる。同時に、皇帝一族は一番格上の宗族であり、天下最大の「大宗」であり、民の宗族はその「小宗」「別宗」になる。もちろん、現役皇帝こそ、宗主であり、族長である。

② 皇帝は国の君主であり、すべての民の「父」でもある。よって国の君主に対する「忠誠」と家の「父」に対する「孝行」は同じものである。親に対する「孝」にまったく疑義を持たない民だけに、皇帝への「忠誠」に疑う余地はないと脳に焼きつけたことになる。

③ 皇帝の権威を樹立するために、家庭の「孝」を利用したが、それではまだ不十分だった。なぜならこの「父」の「子」があまりにも多すぎて、すべて面倒見るのは不可能であり、皇帝一人で全国を管轄できるはずがなかったからである。こうして官僚や役人が必要となり、中国では各級地方政府のトップを「父母官」とも呼ぶのは、こうした経緯があったからである。中央政府の官僚にはこのような呼称がないことからも、庶民を管理し、庶民と触れ合う

地方官僚に「孝」を利用して、皇帝の権威を維持させる役目を担わせたのである。

「君君、臣臣、父父、子子」(君主は君主たれ、臣下は臣下たれ。父は父たれ、子は子たれ)とは、この世の中には主従関係があり、それをわきまえ、それぞれの役割を果たすようにという意味である。君主は君主らしく振る舞うことで、その下の者たちも分をわきまえた振る舞いをするものだということで、歴代の王朝で教化の道具として使われてきた。その最大の理由は、やはり「国」を「家」に例《たと》えて受け入れやすいような解釈を作り上げる必要があったからだと思われる。

こうして中国という国は、一つの大きな「家庭」あるいは「家族」に仕立てられたのである。

第三節　会社型と家族型

儒家思想が日本社会に与えた影響は決して小さくなかっただけに、中国社会との類似点を探すのはさほど困難ではない。

① 日本の天皇は中国の皇帝と同じく「天子」、厳密に言えば「天孫」と称し、神格化され

ていた。
②　儒家思想の核心的な概念である「忠・孝」「信」「義」「仁」「徳」などは日本の武士道の重要な要素であった。
③　日本は中国と同じく「家父長制」の社会で、同じく「嫡長男継承制」だった。
④　日本でも「家族」ないし「大家族」の考え方が強かった。「一族郎党」といった言葉は今でも使われる場合がある。

このように儒家思想の強い影響を受けたにもかかわらず、日本が「儒教社会」だとは言い切れないのは、なぜなのだろうか。

儒家思想が日本へ移入された時期は早かったものの、日本にはすでに固有の原始宗教とも言える「神道」が根づき始めていた。その後、仏教も日本に入り、貴族から庶民にまで定着していった。儒家思想はあくまで学問的色彩が強く、中国のように民にとっての信仰から価値観、行動意識までをも左右するほどには浸透しなかった。

また日本には「宗法制度」がなかったため、「孝」の概念は根づいたものの、儒家思想が社会基盤の構成に関わることはなかった。一方で天皇家が日本国の代表として不動の地位に押し上げられていったことはなによりも大きい。日本の実質的政権の交代は常に天皇の「下」で行われ、天皇の存在と権威が脅かされることはなかった。天孫である天皇の系統は、自分の権威と「孝」をわざわざ結びつける必要がなかったのである。つまり天皇の正統性および安定性の確保に儒家を利用する必要性がなかったことになる。

そして最大の理由は「封建制度」にあったと思われる。

先ほど言及した「一族郎党」を見てみよう。「郎党」は無論だが、たとえ血のつながる「一族」でも、有力武士を「主」とし、その「主」について行く理由は血縁関係、家族関係だけとは言えなかった。「孝行」のためだけに戦争に行くわけでもなかった。ここに見られる「主従関係」は実は一種の「契約」関係、「雇用」関係にほかならない。あなたが出世したら「下」の私も共に出世する。お金を稼げば、その利益の一部をいただく。契約関係なので、期待された働きをしたら、それなりの報酬が得られる可能性も期待できる。こうした複数の「一族郎党」が集まり、さらに「上」の武士につき従って軍団を形成していく。やがて天下を取れば、いちばん上の頭は将軍となり、その下の有力武将は大名となり、自分の藩国を持つことになる。大名となった藩主は自分の一族郎党を小さい藩に封じ、小さい藩主はさらに自分の一族郎党に俸給を与え、仕えさせた。

将軍と大名、大名とその部下といったように次第に底辺を広げていく三角形のように、誰もが同じ形で結ばれていた。私に忠誠を尽くせば、身分、地位、収入を保証するという「契約」

構造は、血縁の範囲を超えていたと言えるだろう。

日本は中国のように国全体が一つの大家族のようなものとした構造ではなく、大きな会社のようにも見える。各藩国は大小を問わず、人事も財務も独自に運営される部署のような存在だったのである。

少々ふざけた表現になるが、近代以前の日本を一つの会社とするなら、次のようなことになるのだろうか。

「天皇」…創業者一家。名義上の最高経営者、CEO。ただし、ときどき会社の実質的な経営権は現役社長に奪われるので、名誉理事長のような存在か。

「将軍」…社長。

「幕府」…本社。

「大藩国」…支社。

「大名藩主」…支社長。支社はもちろん本社の命令や方針に従わなければならない。ただし、支社は本社と別に独立採算、独自経営し、独立性がかなり高い。支社長は社長に任命されるが、支社内部の議決などの諸事項は基本的に支社長の裁断で、本社社長はあまり口を出さない。

「幕府の大老、老中、藩国の家老」…それぞれ本社あるいは支社の副社長、専務、常務に相当。普段、特に平和時には社長は実務を煩わしく思うので、実際の会社運営は彼らに任せた。
「小藩藩主」…部長あるいは課長。
「藩主会議」…取締役会議のようなもので、将軍が議長を務め、基本的には絶大な発言権を持つ。

ところで会社にたとえるからには会社の「株」は何になるのだろうか。会社の場合は「株」を多く持つ人の発言権が大きくなるが、日本の幕府の「株」は「武士」ではないだろうか。将軍は最大の株主なので頂点に立つ。石高に応じて抱えられる武士の数が決まるので、武士の数が藩の大小を決めることになる。そして天皇は至上の権威を持ちながら、「株」に相当する武士を抱えていなかったので実権から遠ざかっていたとも考えられる。

中国は上から下まで、トップの皇帝から一庶民まで、家族という意識概念で思想的統治を徹底して行い、皇帝を家主として全国に「家主制」が敷かれていた。日本は個々の家庭は家主制だったが、国としては幕藩体制で、大部署の下に小部署が置かれ、最後が民だった。身分制度が明確だった日本の封建社会は、契約で結ばれていたとも言え、「封建制度」の日本を「会社型社会」、「中央集権制度」の中国を「家族型社会」と呼ぶ理由である。

ただし「会社型と家族型」社会の違いは、日本が幕藩体制を取ったことで、中国と大きく異なることになったのだろうか。

そもそも「会社型」「家族型」は実在した政治制度ではない。あくまでも両国の社会的特徴を凝縮させた筆者の勝手な命名であり、抽象的かつ曖昧でもある。そのため、もう少し「会社型と家族型」の違いについて触れ、それぞれの特長を考えてみることにする。

① 国や民族を問わず、人類の生存活動には必ず「生産」と「生活」の両面がある。つまり「職場社会」と「家庭生活」はどの時代、どの社会にも併存していて、いずれかが欠けることはない。日本を「会社型」と呼んでも、数的に絶対多数の農民や町人の家庭生活を無視するわけではない。同じく中国を「家族型」としても、中国にも契約や雇用などの企業形態がないわけではない。たとえば明や清王朝時代に官僚たちはよく個人的に参謀兼秘書役の「師爺《シーイエ》」を雇って支えさせた。しかも雇用者、被雇用者いずれからも契約解除ができたわけで、これは明らかに企業形態が存在した証明だろう。

② 「会社型と家族型」は中国の場合は「秦から清まで」、日本の場合は「鎌倉幕府から江戸幕府まで」の社会を指す。現代では「職住分離」により、職場と家庭生活はほぼ完全に分

離しているし、人口の流動化や国際化などの要素も加わり、「会社型と家族型」の特徴は次第に薄れている。したがって包括、全般的な社会構造としての「会社型と家族型」はもはや存在しないと言える。ただ、この「会社型と家族型」が文化や意識に与えた影響は現在でもまだ存在している。

③ 中国の社会では数多くの血縁のある小家族が同じ地域に定住し、一つ一つの宗族を形成していた。この宗族こそが社会構成の最小ユニットになった。また個人的にも社会との接点はこの宗族を通してのことが多かった。たとえば一人の外国人が古代の中国を訪れたら、目にするのは一つ一つの宗族であり、何か用事があるなら、族長を訪ねるべきだろう。個人や小家庭はそれほど重要視されなかったからである。一方、その外国人が封建時代の日本を訪れたら、目にするのは幕府の下に大藩国、大藩国の下に小藩国、小藩国の下に有力武士というピラミッド型の構造社会で、何か用事があるなら、領主あるいは藩国の役人を訪ねなければならなかった。この場合はやはり血縁関係によるものではない。

④ 「会社型」と「家族型」としたが、この言葉に拘りすぎると、それぞれ隠れてしまう部分が出てくる。

皇帝の皇室を名義上の「大宗」とし、全国に実際に血縁のある「大宗」「小宗」「別宗」が聚居して、国の社会基盤を成しているとする「家族型」だが、それぞれに存在する官僚、役人が見えてこない。

中国では、国家管理の実務を担当する官僚は、そのほとんどが科挙試験に合格した者で、出世レースの勝者たちである。もちろん官僚は実際に「俸禄」（給料）をもらって仕事をするわけで、自分が選ばれた優れた者として国の仕事に従事する意識が強く、「雇われ者」意識は極めて薄い。中国には「吃着皇粮罵皇帝的」という表現があるように、皇帝の給料をもらいながら、皇帝を罵る現象がたびたび見られる。しかも下層民になればなるほど、こうした現象が増えた。これは皇帝に雇われているという意識が薄かったからではないだろうか。

一方、日本のピラミッド型構造では、幕府の将軍は土地を自分に従ってきた大名や大身武士に封じ、大名や大身武士はまた自分の「ポケットマネー」である石高から土地や金を出して、自分に従ってきた武士たちに分け与え、最後は平の武士にまで及んだ。つまり誰から金をもらって働いているかが「見える」だけに、自分の主人に対する忠誠心も強まった。日本で語り継がれてきている赤穂義士たちの忠誠心は天皇や将軍へ向けられたのではなく、自分の「藩主＝主人」への真情であることは言うまでもないだろう。

日本社会を会社型とすると、ピラミッドの最底辺に生きる町人や農民といった「民」が見えてこない。いや統治者からすると、「民」は生産者であり、納税者であり、本当に見えてこないのは「家族」という概念だった。つまり、会社型の日本では血縁関係は重要視されていなかったのである。

第四節　血縁とポジション

「家族型」の社会では何がもっとも重視されるだろう。

答えは「血縁」にほかならない。血縁があるからこそ家族と言える。血縁は「孝」の前提条件でもある。

中国人はどれほど血縁を重視しているのだろうか。二〇一六年末、中国は四〇年近く実施してきた「一人っ子」政策を廃止した。人口増を抑制することを主眼とした「一人っ子政策」は、およそ四〇年間で四億の人口増を抑えることができたとも言われている。そのほか食糧問題、環境問題等での国家の経済的負担軽減というメリットはあったものの、この政策への国民の「抵抗」は実施当初から少なくなかった。

そのため、たとえ罰金を支払っても二人目をもうけた夫婦はかなりの数に昇った。罰金は一律ではなく、時代、地域、違反者の身分等によっても異なっていた。おおよそ三〇〇万円前後から一〇〇〇万円で、映画『赤いコーリャン』の監督・張芸謀《チャンイーモウ》などは有名であるがゆえに億を超える罰金を支払っている。

さらに出生届を出さず、したがって戸籍がない子どもになっても二番目の子をもうける夫婦も数多く存在した。また最初の子どもを養子として出し、二番目、三番目の子を育てる夫婦や、第一子が障害児だった場合は第二子が認められたため、医師に賄賂を送ってニセの障害児証明書を手に入れた者までいた。

なぜそれほどまでして中国人は子どもを望むのだろうか。理由は実に簡単である。中国人は家を継ぐ者としての男児を求めるからで、「一人っ子政策」時代には妊娠中に女児だとわかると中絶する夫婦が後を絶たなかった。そのため中国の中絶率は世界の六分の一を占めると言われるほど高止まりだった。

男児を望むため、第一子が女児だった場合は第二子での男児を望むことになる。これは近年だけの現象ではない。戦争や大飢饉時を除けば、いつの時代にも人口増は避けがたく起きていた。「家の継承者である男児」を望むからにほかならない。単に後継者を置くなら養子、婿、縁戚の男児でも構わないようだが、これらの「方法」では中国人は受け入れない。なぜか。中国人が重視するのは「血」の繋がりで「家族型」社会だからである。

自分の「血の継承・永続」を重視する中国人は、古代より正妻に男児が生まれなければ、「妾」を置く最大の正当な「理由」になり、「離婚」の最大の正当な「理由」にもなった。妻が母として生きられるかは、男児出産にかかっていたとも言えるだろう。富裕層や身分が上位の者ほどその傾向が顕著だった。皇帝や王族になると、男児の有無が母親の地位を分けた。その際、男児の資質は問われない。男児ありの母親は勝ち組であり、男児無しではほぼ間違いなく冷や飯を食うことになった。そのため正妻、妾の間で継承権を巡って、欲望も絡んで残酷にも息子を殺しあう「暗闘」もたびたび起きた。

中国には「斬草除根」(草を切り、根を除く)という成語がある。〝敵を完膚無きまで倒すためには、「血」を完全に絶やさなければならない〟という意味でよく使われるが、中国の歴史を振り返ればそうした事例は枚挙にいとまがない。

秦が亡びると、三代目の皇帝・子嬰を含め、一族すべてが項羽によって処刑された。「根絶」への執念はすさまじく、秦の皇族とほんの少しでも血の繋がりがあると見られた一族は、漢帝国での存続が許されず、生き延びるために朝鮮を経由して日本に逃れ、「秦」の苗字を使い、「秦野」という地名を残したとされているほどでる。

三国志の中心人物の一人劉備は、漢皇族の末裔とみずからの正当性を強調して、「三国」(魏、呉、蜀)の一角を占めた。一方、漢の正統の血筋を引く「献帝《けんてい》(劉協)」は皇位を放棄させられ、曹操の後継者である曹丕《そうひ》に殺された。さらに諸侯格でしかなかった劉表《りゅうひょう》の子は曹操に降伏し、軍を含むすべてを差し出したにもかかわらず、曹操に殺された。

モンゴル帝国は宋を滅ぼすと、執拗に宋の皇族たちを捜索し、ついには宋（南宋）の大臣・陸秀夫が幼い皇帝とともに海に身を投げるまで追跡をやめなかった。

明代には創始者の朱元璋没後、燕王として北平（現在の北京）を治めていた朱棣《しゅてい》は、兄の子である第二代皇帝の建文帝と対立、戦いの末に第三代皇帝「永楽帝」となったが、建文帝は宮殿に火をつけて自殺した。しかし建文帝の遺体を確認できなかったために、皇帝となった永楽帝は生涯、建文帝を捜索し続けたのである。永楽帝がこれほど執拗だったのは、建文帝が朱元璋の長男の子だったからで、四男の永楽帝より皇位継承の正当性があったからである。

中国最後の皇帝となった「ラストエンペラー」として知られる愛新覚羅溥儀《あいしんかくらふぎ》は中華民国新政権によって故宮から退去させられたが、殺されなかった。すでに二〇世紀に入り、中国だけの行動が取りにくくなっていたからだが、それ以前の中国ではあり得なかった。その結果、このラストエンペラーは日本の国家・満洲国皇帝として蘇ることになってしまったのである。やはり「殺すべきだった」と思った人は、そのとき何人もいたことだろう。

記憶に新しいところでは二〇一七年二月、北朝鮮の金正男がマレーシアで暗殺された。現北朝鮮政権による暗殺と見られているが、完全に権力から遠ざかっている人物をなぜ暗殺するのか。これも中国式の「血の継承・永続」に当てはめれば、金正男は嫡長男で、権力継承者として彼こそいちばん正当性があるからである。たとえ権力から遠い存在になっていても「血縁」から見れば、金正男はやはり危険な存在だったのである。

中国のこの「血縁」重視は男性に限られた。つまり父系の「血」が重視される。それは呼称からも見て取れる。中国では息子の息子を「孫子」と呼び、娘の息子は「外孫子」である。日本でも同様に呼ぶが、「内」（近い）と「外」（遠い）を厳格に線引きしてまでの意識は薄いようである。同じように母系の祖父、祖母は「外公」「外婆」と呼び、やはり「外」の字がつく。さらに日本では「従兄弟」は父系、母系に関係なく、いずれにも使われる文字だが、中国では父系を「堂（兄、弟、姉、妹）」、母系を「表（兄、弟、姉、妹）」と呼ぶ。「堂」には屋敷の母屋の意味が、「表」には外、表面の意味がある。

また中国には「宦官」と呼ばれる人間がいた。彼らは主に宮廷の大奥で使われた「去勢」された男たちである（一部の皇族や王の邸宅でも使われていた）。女性だけの大奥では、皇帝の「血」を乱す恐れのある「男」を使えないことから宦官が誕生した。むしろ「発明された」と言ったほうが正しいかもしれないが、「血縁」「血の純粋さ」を重視する何よりの証拠だった。

宦官が時には権力者の側近中の側近となった例も珍しくない。本来、宦官は政務に関わってはならなかったが、宦官が実権を握ってしまうこともあった。しかし権力を握っても宦官は

「軽視される存在」から脱け出られなかった。「子孫を残せず、家系が断絶する」からだった。そのため宦官の中には蓄財に走る者も多かった。蓄財後はどうするのか。子孫に残せない彼らの財産の使途は、「寺院建設」だった。現在、北京の西部郊外にある観光名勝地・香山に向かう途中から香山の麓まで、臥仏寺周辺には宦官たちによって建立された寺院が数多くあり、観光名所になっている。

子孫を残せなかった宦官たちは来世に期待するほかなかったとも言え、「血縁」に対する思いがいかに強かったかを物語っている。

ところで「家族型」社会は「血縁」を重視するが、日本のような「会社型」社会では何が重視されるのだろうか。江戸時代の藩を例にとると、藩主をはじめ上層部や一般武士たちがいちばん恐れていたのは、いったい何だったのだろうか？

戦争？財政難？人口減少？自然災害？天皇や将軍、公卿からの不評を買うこと？戦力の低下？外国の来襲？それとも後継者になる嫡長男がいないこと？

いや、いちばん恐れていたのは中国のように「嫡長男」という後継者の有無ではなく、「藩の消滅」だったのである。

「藩」の存続こそ最重要問題だった。なぜなら「藩の消滅」は「藩」に所属していた者たちの死活の問題に直結したからである。つまり「血縁」より、所属できる「場」の確保であり、座れる「椅子」の有無で、中国語では「位子」（席、場所）とよばれるものこそ最重要視されたのである。藩主に子がなければ、「養子」を迎えるという手段は、ごく当たり前に取られていた。そうした例は日本の幕府史上では珍しくなかった。この場合、「血」の繋がりがあるかどうかは特に重要ではなかったのである。

つまり「血縁」より、そのポジション、その「椅子」、中国では「位子」というものがもっとも重要視されていた。

日本では家の存続のために「養子」を迎える例は珍しくなかった。中国にもないわけではないが日本に比べるとずっと少ない。「養子」として迎える対象者はさまざまで、まったく血のつながりのない赤の他人を「養子」にすることさえある。直系の血縁より、その「位子」が重大だからである。「家族型」社会と「会社型」社会の大きな相違点である。

しかし最近中国にも「養子」を迎える事例が増加してきている。たとえば四川省汶川《ぶんせん》大地震の後、震災孤児を「養子」として迎える人が数多く現れた。これは四〇年あまり続いた「一人っ子政策」が廃止された結果、中国人の「血の継承・永続」意識に対する変化の兆しなのかもしれない。

第五節　国罵

科学技術がいかに進歩しようと、国土風土がどのように異なろうと、世界中の民族から人を罵る言葉が消えることはないだろう。中国も例外ではなく、誰もがよく口にする罵り言葉を「国罵」と言う。

日本には「国罵」という言葉そのものはないようだが、誰もがよく使う「罵り言葉」は間違いなくある。

そこで、先ずは中国の「国罵」を見てみよう。

中国の代表的な「国罵」は「他妈的」あるいは「你妈的」だが、本題に関わるので後述することにして、最近、インターネットや若者のあいだでよく使われている「国罵」を紹介する。

① 「SB」。ソフトバンクにあらず。中国語で「shabi」（シャアビ）と発音する。「sha」は漢字では「傻」で、「頭がおかしい」「おろか」「馬鹿」という意味、「B」には漢字がなく、女性の下半身を指す。

② 「丫的」。これは北京を中心に使われている。「yade」（ヤアダ）と発音する。または「丫頭

養的」（yatou yangde　ヤアトウヤンダ）とも言う。「丫頭」の本来の意味は「若い女の子」「小間使い・お手伝い」だが、罵り言葉としては「妾」のことである。「丫頭養的」の「養」は「生まれる」の意味で、「妾が生んだ者」、あるいは「隠し子」といったニュアンスが込められている。

さて冒頭で触れた「他妈的」だが、「ta made」（タア　マアダ）と発音して、「国罵」中の「国罵」である。そのまま日本語に訳せば「彼のお母さんのもの」だが、これでは罵り言葉にならないわけで、次の似ている表現で説明しよう。

「操你妈」（cao ni ma　ツァオ　ニイ　マ）がそれで、「你妈」とは「あなたのお母さん」の意味、「操」は動詞で、ここでは「ファックする」の意味である。

これらの例を日本語に訳す場合は「バカヤロー、こんちくしょう、くそったれ、死んじまえ」等々、いわゆる罵詈雑言の類を当てはめることになる。

非常にきわだった特徴は、数例でわかるように、中国の「国罵」には基本的に「性」と「血縁」に絡んで侮辱する言葉が多いということである。

日本の罵り言葉では、たとえば中国流に言えば「国罵」中の「国罵」になるだろう「馬鹿」「バカヤロー」などは、その語源には諸説があるようだが、何よりも中国の秦時代の「指鹿為馬」（鹿を指して馬と為す）を連想させられる。

秦の二世皇帝の時、宦官の趙高は権勢を振るっていた。趙高は自分の権威を見せつけるため、ある日、鹿を皇帝の前に引っ張り出した。趙高は「これは馬だ」と断言したところ、皇帝は馬ではなく、鹿だと間違いを指摘したにもかかわらず、臣下たちは趙高の権勢を恐れて、皆「馬だ」と言いつのり、少数の「鹿」と言った者たちは、その後処刑されてしまった。これが日本の「バカヤロー（馬鹿野郎）」の由来とされている。

ほかには「バカ」はサンスクリット語の「無知」「迷妄」を意味する、「baka」「moha」を語源としているとも言われている。

日本の罵り言葉は相手の「外見」「能力」「品位」「特徴」などを侮辱するものがほとんどのようで、ここにも中国の「家族型」と日本の「会社型」からくる違いがあるのではないだろうか。

二〇一六年のことだが、一つの実に小さい出来事が中国のネット上で大きな反響を呼んだ。三〇歳前後の女性が家族数人としゃぶしゃぶを食べに行った際、そのテーブルの担当従業員は十九歳の少年だった。食事が半ばを過ぎた頃、客の女性が担当従業員を呼んで、鍋にお湯を足して欲しいと頼んだ。ところが、従業員の少年は女性客からそれまでにもあれこれ頻繁に呼びつけられていたため嫌気がさしたのか、忙しくて手が空いていなかったのか、鍋のお湯はまだ充分だったのか、理由は定かではないが、お湯は注ぎ足さなくてもいいのではないかと応えたようである。

従業員のこの対応は決して良いとは言えない。女性客も不快感を覚えたようで、「足してと言っているのだから足しなさい。なぜ客の言うことを聞かないの」と迫ったらしい。

この些細なことから二人は口論となり、客としての優越心からか、女性客が「国罵」とおぼしき言葉を相手に投げつけたようである。すると従業員の少年は待つように言い置いて、個室を出て行き、やがてお湯がたっぷり入った鍋を持って個室に戻ってきた。ところが従業員の少年は予想外の行動に出たのである。なんとその鍋のお湯を女性客の頭にかけたのである。一瞬の出来事で誰も止められず、レストランは修羅場と化した。女性客は重度の火傷を負い、以前の容姿には永遠に戻れないと医者から宣告されてしまった。

従業員の少年は逮捕されたが、「彼女が自分の母親を侮辱したからやっただけで自分に非はない」と主張し続けたという。事件後、少年を非難する声が多くあがる一方、「客だから何を言っても許されるわけではない」と少年を擁護する声も少なくなかった。

この出来事からは、中国人の民族性がよく見える。確かに正面切って「国罵」を投げつけられたら、怒らない中国人はごく稀で「血縁」への侮辱には耐えられないところがある。「家族型」と「会社型」社会の相違点は人間関係を表わす呼称などにも顕著に表れる。

たとえば日本語に「先輩」「後輩」という言葉がある。これに似ている表現で、中国語には「長輩」「晩輩」がある。「長輩」は自分の父親や祖父世代、つまり世代的に自分より上の人を指す。「晩輩」はその反対で、世代的に自分より若い人を指す。日本語の「先輩」「後輩」が、おおむね組織上に基づいた言葉に対して、中国語の「長輩」「晩輩」は明らかに家族的な長幼の秩序に従っている言葉である。

また血縁に関する呼称も日本とは大きく異なり、豊富かつ複雑、厳密である。三つのパターンに分けて、日本の呼称と比べてみよう。

① 中国では、父系と母系が明確に分かれていて、一目瞭然である。

たとえば日本で「お爺さん」「お婆さん」は、

中国では、父系→「爷爷」(父の父)、「奶奶」(父の母)

母系→「姥爷」(母の父)、「姥姥」(母の母)

日本で「おじさん」「おばさん」は、「叔父」「伯父」という区別はあるが、男系女系の区別はできない。

中国では、父系→「伯父」(父の兄)、「叔叔」(父の弟)、「姑姑」(父の姉妹)、「伯母」(父の兄の嫁)、「婶婶」(父の弟の嫁)、「姑父」(父の姉妹の夫)

母系→「舅舅」（母の兄弟）、「姨（姨母）」（母の姉妹）、「姨夫」（母の姉妹の夫）、「舅妈」（母の兄弟の嫁）

さらにこれらの呼称に「大、二、三…」などを加えて、「兄弟・姉妹」の順番までしっかりわかるようになっている。

② 日本の呼称は曖昧で、男女さえ区別できない場合がある。たとえば「孫」である。

中国語は「孫子」（息子の息子）、「孫女」（息子の娘）、「外孫子」（娘の息子）、「外孫女」（娘の娘）と分けて、父系・母系と男女の違いが明確である。また日本では「いとこ」は、それ以上の血縁関係を示す言葉は日常生活では使わず、すべて「いとこ」である。

中国語は「堂兄、堂弟、堂姐、堂妹」（父系いとこ）、「表兄、表弟、表姐、表妹」（母系いとこ）が日常でも使われる。

③ 日本語にはない親戚の呼称が少なくない。数が多いので絞って紹介しておく。

「二姨姥」→母の母の姉妹の中で二番目の者

「大舅爷」→父の母の兄弟の中で一番目の者

「大舅姥爷」→母の母の兄弟の中で一番目の者
「内弟」(「小舅子」)→嫁の弟
「连襟」(「连襟」)→嫁の姉妹の夫
「妯娌」→夫の兄弟の嫁

筆者は日本に住む親戚の中国人が日本人と結婚するとき、互いの親族紹介を通訳した経験がある。そのとき痛感したのは、日本の親族の呼び方だけでは婚姻関係、血縁関係がよくわからないことが多く、逆に中国人の呼称を日本語に翻訳すると、表現しきれない部分が多くあり、すっきりしないということだった。

中国社会の基盤はやはり家族であり、その集合体の「家族型」が社会を形成しているのである。血縁関係に基づいて社会へと広がっていく人間関係では、どうしても婚姻関係、長幼関係、遠近関係をしっかり把握する必要がある。一方、「会社型」の日本では、血縁関係、婚姻関係の重要度は中国より低く、ある程度区別できれば充分で、「厳密さ」をそれほど求める必要はないと言えるだろう。

中国人が血縁関係の呼称を厳密にした理由は、実はほかにもある。たとえば遺産継承の序列、血縁内で結婚が可能となる範囲の明確化のためなどであった。

第六節　出家と出世、そして出軌

二〇一五年に石原さとみ、山下智久が主演したテレビドラマ「五時から九時まで　私に恋したお坊さん」は、平均視聴率一一、七一％と「月九ドラマ」としては悪い数字ではなかった。このドラマ、海外向け放送はなかったのだが、中国では「日本ではお坊さんが結婚するとは。戒律無視もいいところだ」というネット上の書き込みが多数となった。日本の仏教界を知らない中国人の書き込みだったのだが、実は筆者も同じような思いをした「経験」があった。

今から十数年前、東京の西部地域に住んでいた頃のことだが、小学校高学年だった息子が学校から帰宅して、ふと「ぼくのクラスの子のお父さんね、お坊さんだよ」と言った。私はとっさに「何かの間違いだろう。お坊さんは結婚しないし、子どもを持つなんてできないはずだぞ」。確かに中国の仏教戒律ではそうだった。

しかし息子は真剣そのもので「本当だってば。駅のそばにある、あのお寺だよ。ぼく遊びにも行ったし、苗字も一緒だった。お坊さんのお父さんにも会った」と言うのだった。その場はそれで終わったのだが、腑に落ちない筆者は後日、子どもが言っていたその寺に実地検分とばかりに出かけていった。

子どもの話は本当だった。寺の裏側は住まいとなっていて、子どもや女性の洗濯物が干され、奥さんらしき女性が庭で幼い子どもと遊んでいて、その近くでは、当の僧侶が落葉を掃いていた。ちょうどそこへ小学生が下校してきて、「お父さん、ただいま」と言ったのである。

一瞬、筆者に衝撃が走った。日本では僧侶が結婚できるという事実を目の当たりにしたからだった。

その後、日本の僧侶の事を気にし始めると、中国人的発想では「不可解」な情報がいくつもあることを知った。婚活に参加する僧侶、女遊びが過ぎてトラブルを引き起こした僧侶、風俗通いをする僧侶、セクハラ僧侶に、不倫僧侶といったように女性絡みの不祥事に僧侶も一般人と同様にかかわっていて、中国ではすべて戒律違反であり、間違いなく僧籍剥奪処分となるものばかりだった。

日本の仏教界はいったいどうなっているのか。日本の仏教戒律は中国とは異なっているのか。知人の仏教研究家に聞いてみると、犯罪行為は別として、女性との性交渉や結婚は流派によって異なるものの、むしろ「できる」流派のほうが圧倒的に多い、というのである。

日本は江戸時代から明治時代に入ると、政府は仏教界に対してそれまでの禁欲的、抑制的な戒律からの解放を率先して実行し、明治五年四月二十五日に太政官布告第一三三号「僧侶肉食妻帯蓄髪等差許ノ事」を布告した。僧侶の妻帯や肉食、髪を伸ばすことなども法的に許可するというもので、これによって日本では、僧侶が一つの職業になっていくことになった。

しかしインドから中国へ伝わった仏教がやがて中国から日本に入り、同じ「源」を持っていたことで、それなりに共通点が多くあったはずである。それにもかかわらず、明治以降の日本の仏教と中国のそれとでは、大きな違いが生まれた。ここには単純に「戒律」の問題だけでなく、やはり文化的な側面も大きく影響していたように思える。

そこで幾つかの言葉から文化的相違を見てみよう。

○「出家」

「出家」とは、人間が持つ五欲の食欲、物欲、色欲、名誉欲、睡眠欲を始め、たくさんの煩悩を断つために仏門に入り、悟りを得ようとすることだが、日本に最初に「戒律」をもたらしたのは中国の鑑真《がんじん》和上《わじょう》であり、「出家」という二文字は中国の仏教意識に基づいた言葉と考えるのが妥当だろう。

中国語の「出家」は仏門に入ることであり、文字通り「家を出る」ことを指し、「家から離脱する」ことである。つまり仏門に対するのが俗世間であり、この俗世間とは中国では「家」を指すことになる。この発想は中国の「家族型」社会の特質を示している。

「家」は人類繁殖、世代継承の場であり、「生育」の場である。「生育を断つ」ことは「出家」

に伴う象徴的な行為にほかならない。だからこそ、おのずと性交渉や結婚を禁ずる戒律が生まれた。

一方、「会社型」の日本では、「俗世間」とは、現代では一般社会、職場であり、封建時代では武士、農民、商人などが暮らす社会そのものであって、必ずしも「家」とは結びつかない。仏門に入るとは、この「社会」の秩序から離脱することで、「家」との繋がりを絶たなければならないわけではない。別の「活きる道」を選択したに過ぎず、言い方は適当ではないかもしれないが、「転職」したようなものではないだろうか。日本にも「欲」を断ち、悟りを求めて厳しい修養を積む僧が存在することを否定するつもりはないのだが。

ただ一般の日本人が考える「仏門に入る」では、たとえ「出家」と呼んでも、中国で使う意味での「家との関係を断つ」、生育・世代継承の前提となる「性交渉」や「結婚」を断つという発想は比較的薄いのではないだろうか。

現在ではサラリーマン僧侶が存在し、一つの職業になっていることなどはその証左と言えるだろう。

○「出世」

中国語では「出生」「誕生」を意味する。一方、日本語の意味としてよく使われるのは

「社会で抜き出ている」「社会でずば抜けた業績をあげる」「明るい未来が期待できる、あるいは約束される」といったものである（中国語と同様に「誕生」を意味する場合もあるが）。日本の「出世」は「会社型」の社会意識に基づいた使用が多く、中国の「出世」は完全に「家族」型の発想に基づいていることは明らかだろう。

○「出軌」

日本語では使われないが、「列車などの脱線」を意味する。ただ、中国語としていちばんよく使われている意味としては「男女の不倫」である。「軌」とはもちろん「軌道」のことで、その「軌」から「出る」、つまり「脱線」することである。それが「不倫」の意味になるということは、「正常の夫婦関係」「正常の家庭関係」から「外れる」ということであり、この言葉の使い方からも、中国がいかに「家族型」社会であるかが窺えるだろう。

第七節　墓をめぐって

人間は誰もが「死」を迎える。そしてその「死」をどのように迎え、「死後」はどのようになるのか、考えない人はいないだろう。「死後」について言えば、死者への礼として葬儀が営まれ、墓に埋葬される。墓の様式、墓に対する思い、葬儀儀礼等々は地域、民族によって異なるだろうが、墓をないがしろにする民族はごく少数に違いない。

特に中国人は血縁を重視する民族だけに、他の民族以上に墓を重視していて、独特の「葬墓文化」を持っている。墓をめぐる二つの事例から、中国人の血縁重視について考えてみることにする。

① 「上墳」(シャンフェン)。

「墓参り」のことである。中国人の墓参りでは花と線香を持参し、墓の清掃をするだけでなく、「あの世でのお金」である「紙銭」という黄色い紙を燃やす慣習がある。中国人の死生観では、あの世に行った「人」は現世社会と同じ生活を送ると考えられている。そのため、あの世でもお金が必要なのである。中国の影響を受けて、日本でも副葬品として、死者が「三途の川」を渡る際のお金として棺に入れるところもあるようである。中国では生きている者たちからの仕送りが「紙銭」であり、これを燃やす行為は、現代的に考えれば「振込」に当たるだろう。あの世に住む「人」が裕福な生活ができるようにするのである。そして同時に、あの世の「人びと」が生きている子孫を見守り、家系の繁栄を守ってくれることを願うのである。生きている者がきちんと墓参りをすることは孝行の証明であり、自分の進歩、発展、成功の保証にもなるのである。そのため中国人は裕福になると、より立派な墓に作り替えようとする傾向がある。最近、北京など大都市での墓地の価格がマンションの価格に匹敵すると言われているほどである。

一方、「紙銭」を燃やすと山火事になる危険性が高まるうえ、大気汚染が悪化しているため、政府は燃やす行為を再三にわたって禁止している。だがそれを無視する違反者が続出し、政府の指示を守る人間はむしろ稀である。都市部にある「管理墓地」が附設の「紙銭を燃やす場」を閉鎖すると、墓地周辺の住民たちが自宅の庭を有料で「紙銭を燃やしたい人」に貸し出す「新しいビジネス」までが登場するほどで、中国人の墓への思いがいかに根強いかが伺えるだろう。

かりに忙しくて時間がない、墓が遠方等々の理由で墓参りに行きたくても行けない場合は、「望天」(ワンティエン)という方法で対処することも可能である。自分が住む町の大通りにチョークなどで一つ大きい円を描き、墓のある方向の一部分を線で繋げずに少し空けておく。円中で「紙銭」を燃やして祖先に送り届けるのだが、そのとき「紙銭」の束から数枚抜き出し、火をつけて円の外に投げ捨てる。なぜか。あの世にもさまざまな悪人もいれば、腐敗官僚もいるだろうから、円の外に投げた数枚のお金で、仕送り金が無事に祖先のところに届くように「賄略」として使うものと考えられている。中国人の生活感覚が実によく反映されていると言えるだろう。

② 「掘墳」（ジュエフェン）。

今述べたように、祖先を大切に思い、墓への思い入れが強い中国人だけに、他の一家の墓を破壊すると、他の家系の断絶、他の一家の衰亡を招くと考えられ、相手への最大の敵対行為、最大の侮辱とされていて、これが「掘墳」である。歴史的に有名な「掘墳」事件を紹介しよう。

春秋時代、晋国の国王・文公（在位紀元前六三六年～紀元前六二八年）が曹国の都を攻めた（紀元前六三二年）際、激しい抵抗にあい、なかなか攻略できなかった。一方、晋国軍の強さを目の当たりにした曹国軍は、敵の士気を鈍らせようと、晋国兵士の死体を城壁にかけて晒した。自軍兵士の死体が冒瀆されるのを見た晋国兵の士気が衰えてしまい、文公も打つ手がなかった。するど一人の参謀が「曹国軍がこんな汚い手段を使ったのですから、もはや仁義を捨てて、曹国の墓地に兵営を移して、曹国の祖先の墓を破壊しましょう」と進言した。この「掘墳」計画を聞いた曹国軍はひどく動揺し、「掘墳だけはやめて欲しい」と懇願した。そして交換条件として、晋国兵士の遺体をあらためて棺に収め、晋国に返すと申し出た。曹国軍が柩を運び出すために都の城門を開けるや、晋国軍が一気に突撃し、曹国の都を陥落させ、国王まで捕虜にしたという。

もう一つの逸話を紹介する。

戦国時代、燕国の将軍騎劫《きごう》は軍を率いて、斉国の即墨《そくぼく》という町を攻めた。攻めあぐねた騎劫はある恐怖手段を企んだ。それを知った斉国の将軍田単《でんたん》は、その裏をかくように、敢えて「斉国が最も恐れているのは敵に祖先の墓を掘られることだ」という噂を広げた。その噂を信じた騎劫は、斉国の墓を掘り、遺体を焼いてしまった。この暴挙を知った斉国兵は激怒し、結束を強めて敵と死にものぐるいで戦い、斉国軍は勝利し、奪われていた七〇余りの城も奪還したのだった。

この二つの歴史的な逸話からは、中国での「墳墓魔力」を感じないわけにいかない。これに類した話は中国の歴史上からはいくつも見いだせる。

もう一つ、墓にまつわる話を紹介しておく。

明代末の一六三五年、農民反乱の指導者張献忠《ちょうけんちゅう》は明王朝の創始者朱元璋《しゅげんしょう》の故郷である鳳陽《ほうよう》に入ると、明王朝の歴代「祖墓」を焼いて破壊した。「祖墓」の破壊は、明王朝の天命尽きた証とみられ、明の滅亡が一気に加速したと言われている。

また明の滅亡後、清国に帰順しなかった鄭成功《ていせいこう》は台湾を攻略し、根拠地とした。大陸に残された家族はすべて殺され、清に降伏した将校黄梧《こうご》は自分の忠誠を示すため、鄭成功一族の「祖墓」を破壊した。それを知った鄭成功は報復を誓った。その一四年後、漳州を攻略した鄭成功は、黄梧の墓を破壊し、屍を掘り出して鞭打ちを加え、ようやく誓いを果たしたのだった。

最後に「掘墳」の逸話ではないが、これぞ血縁重視の例を紹介しよう。

明代初期、明王朝の創始者朱元璋の第四子朱棣《しゅてい》（のちの永楽帝）と朱元璋の孫（朱元璋の第一子・朱標の次男）で王位を引き継いでいた建文帝《けんぶんてい》の間で皇位をめぐる争いとなった。南方の建文帝の将軍李景隆《りけいりゅう》軍が北方の朱棣軍に白溝河の戦いで敗北すると、朱棣軍は破竹の勢いで建文帝がいる都を目指した。

そのとき鉄鉉《てつげん》が義勇軍を結成して朱棣軍に立ち向かった。しかし済南守衛の戦いでは、鉄鉉の義勇軍は敗軍一歩手前まで追い詰められた。そこで鉄鉉は敵軍の首領朱棣の父親で、現皇帝建文帝の祖父でもある朱元璋の画像を城壁一面に掛けた。さすがの朱棣も父親の顔に向けて攻め込むことができず、退却せざるを得なかった。この退却で朱棣軍は一時的にではあったが戦いの主導権を失ってしまった。

その後、戦いに勝って永楽帝となった朱棣は、退却を余儀なくされた鉄鉉への憎しみを執念深く忘れずにいて、鉄鉉が斬殺されると、その遺体をさらに油ゆでにし、彼の縁者をことごとく重罰に処した。

この逸話は、中国人が血縁を重視するからこそ、後の禍根を残さないために敵側の血縁は徹底的に根絶やしにしようとする執念に満ちていたことを証明していると言えるだろう。

第八節　天皇と皇帝

日本の「天皇」と中国の「皇帝」、一文字の違いではあるが、その違いは大変、大きいと言えるだろう。

大化の改新前、日本の政治体制は有力豪族、いわゆる氏族の連盟政治体制だった。天皇家はその中の一番有力な一族だが、完全支配とは言えなかった。この時代、日本はまだ完璧な「封建主義体制社会」にはなっていなかった。平安時代になると、天皇の統治とはいえ、実際は摂政、関白などが実権を握っていることが多かった。幕府時代に入ると、多くの天皇は自分の意思にそぐわなくとも、勢力のある将軍を「征夷大将軍」に任命せざるを得なかった。これを現代的に言えば「業務委託契約」を結んだことにでもなるのだろうが、日本に二つの政府を建てたと同じであり、しかも軍を持っていなかった天皇は事実上の国政執行者に対する発言権はあまりなかった。明治維新後、天皇は国づくりの過程で重要な地位についていたが、戦後は日本という国の「象徴」となっている。

だが中国の歴代の皇帝は、国政の完全な実行権を握っていたし、実務を担当する官僚も軍隊もしっかりと掌握していた。日本の「天皇」と「将軍」が合体したような、名実ともに備えた国のトップだった。

「普天之下，莫非王土，率土之濱，莫非王臣」（普天の下、王土にあらざるはなく、率土の浜、王臣にあらざるはなし）。『小雅・北山』にあるこの言葉、「すべての土地は皇帝のもの、すべての人民も皇帝のもの」と言っているのである。絶対の所有、絶対の臣従を表すこの言葉を中国の歴代王朝、官僚、知識人を含めて、誰も疑う者はいなかった。

権力の「大・小」のほかに、天皇と皇帝の相違点はその他にもいくつか見ることができる

① 日本の女性天皇は中国の女性皇帝より多かった。

日本の歴史では、八人の女性が一〇度、天皇の地位に就いている。一方、中国で皇帝になった女性は武則天《ぶそくてん》一人のみだった（分裂時代の小国や辺鄙な少数民族政権は含まず）。西太后《せいたいこう》は権力こそ握ったものの、摂政にとどまり、皇帝になれなかった。唯一の女性皇帝武則天については、周知のとおり、妃の身分で権力を握り、そのまま「皇帝」になろうと企んだが、「正統派」大臣らの猛反対で実現できず、やむを得ず「周」と国号を改めて、ようやく皇帝の位についた。

しかし武則天が亡くなると、すぐ「唐」の国号に戻されたので、この唯一の女性皇帝は「正統」とは見なされなかったことがわかる。

もし武則天が男性だったら「周」という国は存続し、武則天もその建国者となり、「唐」の名称は消滅してしまっていた可能性も考えられる。中国の宗法制度では女性が完全に除外されていたことが伺える。

② 天皇の生前退位は珍しくなかったが、中国の皇帝は基本的に死亡しない限り交代はなかった。

もっとも中国皇帝の生前退位が皆無だったわけではない。たとえば安史の乱で都から逃げ出した唐の玄宗は動乱後、都に戻っても新皇帝から皇位が返還されず、逆に監禁され、不自由な身の「上皇」となった。また清の乾隆《けんりゅう》皇帝は六〇年間、皇帝の地位にあったが、「自分の祖父である康熙《こうき》皇帝より長く在位したくない」「のんびりお茶を楽しみたい」という理由で皇位を息子に譲った例もあった。唐の玄宗皇帝のように強制退位させられたケースを除いて、みずからの意志で禅譲した例は乾隆皇帝のみである。日本の天皇の生前退位より遥かに少なく、聖武天皇のように壮年期に退位した例は皆無である。

日本では陽成《ようぜい》天皇が「非礼乱行」で退位させられ、三条天皇が「目の病でほぼ失明の状態」

のため退位したことから、日本の天皇には「象徴性」もあったためか、人格や完璧さが求められたことが伺える。一方、中国の皇帝は至上の権力があったために権力に執着したためか、生前退位が少なかったと思われる。

③ 日本では政権を握る者が代わっても、天皇家はそのまま続いていった。そのため天皇家には苗字は必要なかった。しかし中国では、政権が代わると歴代王朝の皇帝の苗字も別の姓になった。

秦の皇帝家苗字は「嬴《えい》」、漢の皇帝家苗字は「劉」、三国鼎立《ていりつ》の三家苗字はそれぞれ「曹」「劉」「孫」、晋の皇帝家苗字は「司馬」、隋の皇帝家苗字は「楊」、唐の皇帝家苗字は「李」、宋の皇帝家苗字は「趙」、元の皇帝家苗字は「奇渥温」、明の皇帝家苗字は「朱」、清の皇帝家苗字は「愛新覚羅」だった。

かりに分裂時代の小国を含めれば、皇帝苗字の数は数十に及ぶだろう。つまり血統が異なる二桁に届く宗族が次々に皇帝になったのだった。しかも皇帝の出身もさまざまで、諸侯や貴族もいれば、地方権力者や武将もいた。国内の少数民族もいれば、敵対する異民族もいたのである。特に明の創始者だった朱元璋は物乞いの出身だったが、どのような出身、家系であろうと皇帝となるのに、支障はまったくなかったのである。

「日本の天皇家は永続」、「中国の皇帝家は変転」は天皇と皇帝の最大の違いと言えるだろう。しかもこの相違から生ずる影響は極めて大きい。

日本では絶大な権力を握っても、いつか自分が天皇になろうとの野心を持った人間は基本的にはいなかっただろう。しかし中国には「皇帝輪流作、明年到我家」（皇帝は順番で務めるもので、来年は我が家の番に回ってくるかもしれない）ということわざがあるように、「皇帝となる夢」を見ている中国人は少なくない。現代でも「可能ならばあなたは皇帝になりたいか、それともなりたくないか」という問いかけはたびたび聞こえてくる。余談だが、この問いかけに対して、皇帝になりたい人たちからは「美人の妃を娶れる、金に不自由しない、すべて自分で決められるから」、なりたくない人たちからは「宮殿から勝手に出られず、自由に動けないから」という声がよく聞こえてくる。

さすがに真剣に「皇帝夢」を持つ人間はごく少数だろうが、「権力欲」「出世欲」と言い換えれば、その意識は一般民衆にまで浸透している。中国には「寧作鶏頭、勿為鳳尾」（鶏頭となるとも、鳳尾とならず）ということわざがある（「鶏頭牛後」とも言う）。大手企業や大部署の末席より小企業や小部署のトップの方がましだ、という意味で、中国人には常にトップを目指そうとする傾向が強くあり、「トップ」になることを良しとする価値観が根強い。頑張れば「皇帝」にだってなれるという上昇志向は、中国の社会的に備わった環境とも言えるだろう。

一方、日本では武士の子は武士に、町人の子は町人に、農民の子は農民になるのが社会の基本なので、自分の身分、自分の社会的地位に甘んじて、社会が自分に与えている「枠」から飛び出そうとは考えなかった。その「枠」の中で生きることを当然として受けとめていた。

こうした伝統的な思考パターンがそのまま現代に直結しているのか明白ではないが、最近の若者に対する「社長になりたいか」というアンケート調査で、日本の若者で社長になりたい割合が二割少々、諸外国中で最低だったのに対して中国は七割近くが「社長になりたい」と回答したそうである。

なかなか興味深い結果だと言えるだろう。

第九節　法と孝

「法律」と「孝道」はまったく異なる次元の問題と言えるだろう。「法律」は一定の取り決めに基づいて、国民（大衆）の誰もが納得し、誰もがそれに従うことで社会秩序を保とうとする国家としての取り決めである。一方、「孝道」は個別の問題で人間と人間の絆を保つ、強いて言えば倫理の話である。

しかし「家庭型」国家では、それが逆転する場合もあり得る。

紀元前二二一年の秦帝国誕生以前、中国は諸侯が天下制覇を争う「戦国時代」だった。一方、それ故に「諸子百家」と呼ばれる様々な思想が世に現れた百家争鳴《ひゃっかそうめい》の時代でもあった。孔子の「儒家」、中国の独自宗教の源となった「道家」、「兼愛非攻」の「墨家」、「遊説」による外交的手法で「連盟」を主張した「縦横家」、法律重視の「法家」、さらには「兵法家」などであった。

しかし紛争、衝突、戦争、覇権に終始していた戦国時代に、儒家の「仁、孝、礼」、道家の「柔、自然」、墨家の「非暴力、博愛」等の主張は、武器を持って戦い、実権を握ろうとする諸侯たちからは重視されるはずもなかった。遊説を主張した「縦横家」は一時的に受け入れられ、蘇秦《そしん》（?～紀元前三一七?）、張儀《ちょうぎ》（?～紀元前三〇九）など遊説の名手が数カ国の宰相に任じられた。しかし戦国時代の「連盟」はしょせん一時しのぎの手段で、永続性を保ち得ず、「連盟」が破綻し始めると「縦横家」は遠ざけられていった。「兵法家」はいずれの諸侯も重視し、重用したが、戦争の最後の帰趨を決めるのは兵法や策略ではなく「国力」にほかならず、「兵法家」は〝強国〟を打ち建てるための人材にはなり得なかった。

諸侯国の一つだった「秦」が全国を統一するために重用したのは「法家」だった。法律で国を治め、国力を次第に増強させ、順次ほかの諸侯国を滅ぼしていったのである。しかし秦帝国の歴史は長くは続かなかった。紀元前二一〇年に始皇帝が死去すると、二代目の無能さ、過酷な法律、亡びたはずの諸侯国の台頭、宮殿、陵墓、万里の長城等の建設に向けた過剰な役夫徴集、北方遊牧民族に備える駐屯軍駐留費用の増大、農民蜂起といった諸要因が一斉に噴き出し、中国は再び混乱に陥った。

こうして紀元前二〇六年、わずか一六年ほどで秦帝国は滅び、これに代わったのが漢帝国だった。秦帝国の下で生き、自分の目で秦の滅亡を見届けた漢帝国の統治者が秦の二の舞を演じまいと自戒するのは当然だった。

そのため漢帝国は戦争の疲弊を回復する「休養生息」（人民の負担を低減し、国力を回復する）政策を先ず実施した。その後、武帝の時代に「罷黜百家、独尊儒術」（百家を罷黜（はいちゅつ）＝排斥し、独り儒術のみを尊ぶ）を全面に打ち出した。つまり戦国時代の〝百家争鳴〟状況、秦代の「法家」重視、そして漢代は「儒家」に絶対的権威が与えられ、国の統治思想になったことを意味していた。これによって「儒」が「法」より上位となり、法の絶対性が失われることになったのである。

「儒」の思想体系はかなり膨大、且つ複雑で多岐にわたる。しかも後世になると宗教的意味合いも強く付加され、「儒教」とまで呼ばれるようになり、筆者にはそれらを十全に解説する力などない。そこで儒の核心思想とも言える「仁・礼・孝」についてのみ、簡単に説明しておく。

仁……「人を愛する」ことで、これは広く知られ、信仰されているいずれの宗教にも「共通」する教えだと言える。そして統治者なら誰もがたとえ本心でなかったとしても民衆に語らなければならない言葉だろう。

礼……古代中国の基礎教養の一つとして、長い間重視されてきた。「礼」の内容は冠礼（成人礼）、婚礼、葬礼、祭祀、祭日などの礼儀作法のほか、社会マナーや長幼の秩序など、社会道徳基準を形成するもっとも重要な要素。

孝……親孝行を基本とする家庭内の秩序を保つためには欠くことができない。

このようにみると、「儒」は宗教よりも社会道徳規範、民衆の行動規範に近いものと言える。一般的に国を存立させていくためには「法律」と「社会道徳規範」のいずれもが必要だろう。ところが中国では「儒」そのものが「社会道徳規範」となり、「独尊」（尊ぶのみ）とされ、過剰に重んじられたのである。その結果、「儒」はたびたび「法」を凌駕するようになった。

たとえば父親の犯罪を知った息子は、法律に従えば父親を告発しなければならないが、告発すれば「孝」に反する。このような場合、中国では通常「告発しない」ことこそ「正道」と考える。これは明らかに「儒」の影響による。

中国には「王子犯法、与庶民同罪」（王子でも法を犯したら、庶民と同じく断罪される）という俗語がある。「法律の公平性、平等性」を言うために現在でもよく使われるが、「儒」が「法」を凌駕する証明にもなっている。ここで使われている「王子」には二つの意味があって、一つは王の後継者となる嫡男の「太子」を指す。もう一つは「王の子」で「王」は最高位だが、中国では皇帝の兄弟が「王」に封じられるのが珍しくないため、「王の子」は「太子」より格下と見られる。したがって「王子」を「太子」と解釈すると、断罪できる最高位は「太子」で、「皇帝」は「法律」で規制されないことになる。「王子」を「王の子」と解釈すれば、さらに多くの皇族が「法律」の及ばない位置に置かれることになる。

歴史的に見れば、この「王子犯法、与庶民同罪」の厳格な実行は困難だった。たとえば全国統一を果たす前の秦で太子が法を犯したことがあった。この法の制定者で、施行者でもあった当時の宰相商鞅《しょうおう》（紀元前三九〇〜紀元前三三八）は「法之不行、自上犯之」（法律が守られない理由は上の者が法を犯すからだ）として、太子の断罪を公言したが、後継者であることを理由に断罪できなかった。

皇帝は法律による規制の枠外にいるわけで、これは身分重視の儒家の考え方でもある。皇帝が「儒」を「法」の上に置いたことで、「儒」そのものが法律にとらわれない存在となったのである。

皇帝は法より上位に立つため、皇帝の命令に法は無力であり、皇帝の命令で動く「官」も法より上位ということになってしまうのである。大衆は無論そうした位置には立てない。ところが「儒」が「独尊」されることで、大衆も「儒」に身を寄せて「法」の制裁から逃れ、「法」の上位に立とうとするようになった。中国人の法への弱い関心、法を基本原則とする意識の希

（「憲法精神を宣揚し、法治中国を建設しよう」
——法制治国がいまでも国のスローガンになるほど、中国人の法律意識の薄さが隠れ見えている）

薄性、規則軽視の行動様式は漢代からの「儒」重視から二千年にわたって培われてきたとも言えるのである。

そもそも中国が「儒」を重視し、特に「孝」を重視する理由はなんであろうか。日本の天孫降臨と同じように中国の皇帝はみずからを「天子」、つまり「天の子」と自認し、「天子」の聖なる身分を以って国民（大衆）の「親」として存在することを前提としていた。つまり皇帝はすべての宗族の上に立つ、最大の宗族の「総族長」にほかならなかった。この「総族長」の下に各地域に多くの宗族が散在し、宗族の下に各家庭があるという構図こそ、中国という国の形なのである。

「儒」の教えによると、家では親孝行をすること、他者には長幼の礼を尽くすこと、宗族の族長の話には従うことなど、いずれも「孝」と見られてきたのである。

そうであるならば「総族長」の皇帝にも「孝」でな

ければならず、服従は当然のことだったのである。儒の「孝」と国や君主に対する「忠」が深く結びつけば、統治者にとってこれほど都合のよい統治手段はなかったのである。ほぼ二千年前に始まった「法の萎縮と孝の拡大」こそ、中華文化の基盤を築いてきたのだった。

これも筆者が中国を「家庭型」社会と呼ぶ理由の一つである。

第十節　信と義

血縁重視で「家族中心主義」に走りやすい中国人、そして法律の概念が希薄で、「ルール軽視」に走りやすい中国人。

それでは家族中心の「孝」のほかに中国人には社会的な道徳規範はないのだろうか。家族内の「孝」を超えて、社会という枠組みでの美徳とは何であろうか。

中国人は長い間、人間関係や社会を支える精神文化としての「信・義」という美徳を称え続けてきた。

「義」は「理」であり、「正義」である。「心や行状が正しい」ことを意味し、そこには「平等」という概念も含まれている。そして「義」が成り立つための条件として「信」が求められる。「信」という漢字を分解すれば、まさに「人の言」にほかならず、「偽りのない誠実」という意味にもなる。自分の言葉を違えないことは言うまでもなく、約束や取り決めなどもきちんと守ることを意味している。

中国唐代の政治家である魏徴《ぎちょう》（五八〇～六四三）は「述懐」という詩で「季布《きふ》無二諾、侯嬴《こうえい》重一言」（季布二諾無く、侯嬴一言を重んず）と詠んでいる。漢時代の季布は子供の頃から義理堅い人物として評判であり、物事に対して直言する性格とも重なり、次第に宮廷でも重みを増すようになった。「黄金百斤を得るは、季布の一諾を得るに如かず」とまで言われるほどだった。こうして「季布の一諾」は固く約束を守ることを意味するようになった。

また戦国時代の侯嬴は自分を厚く迎えてくれた信陵君《しんりょうくん》が秦の軍隊に包囲されている趙軍を救うため援軍を送りたいと考えていたが、魏王は秦の脅しに屈して戦うことをやめるよう将軍晋鄙《しんぴ》に命令してしまった。信陵君の心情を察した侯嬴は、兵を出兵させる許可書となる王の割り符を盗み出すことを献策した。その結果、信陵君は趙軍に勝利をもたらしたが、策を授けた侯嬴は自分の首を刎ねてしまったのだった。

この二人の真髄は「義理堅い」と「一言九鼎《いちげんきゅうてい》」（非常に重大な一言）に尽きるだろう。古代では「九鼎」は皇帝の権威を表す神器であり、天下のシンボルである。つまり人間は自分の言葉、自分の約束や承諾を守ることが天下を左右するほどの重みがあると考えているからで、「信・義」をいかに重視したかが伺えるだろう。

ほかには世界最初の茶書を著した唐時代の陸羽《りくう》はマイペースが特徴の「名士」だったが、いったん約束したら、激しい風雨であろうと、虎や狼が出没すると聞こうとも、必ず約束した地に赴いた、と歴史書（正史）には彼への賞賛の言辞が見える。

この「信・義」については、ほかの例も見てみよう。

中国には四大小説と称される『紅楼夢』『西遊記』『三国志演義』『水滸伝』がある。中国人の思考様式の凝縮物とも言えるし、また庶民の人生哲学や価値観形成に大きく影響を与えてきたとも言える小説である。

『三国志演義』の第一巻は、日本人にもよく知られている「桃園で宴を開き、劉備、関羽、張飛が義（義理の兄弟）を結ぶ」場面から始まる。そして三人の「義」に関わる物語は『三国志演義』の一つの軸にもなっている。関羽が熱い思いを胸に関所を五つも突破し、曹操の六人の武将を斬ってまで、劉備を探し続けたことは、読者の感動を呼ばずにはおかない。一方、劉備は国の利益、天下の帰趨を度外視して、関羽と張飛の仇をまず討つという「義」のため、諸葛孔明、趙雲などのアドバイスを無視して強引に呉を討伐するのである。結果は陸遜《りくそん》の火攻めに遭い、大敗して白帝城で命を落としてしまう。小説とはいえ「義」が何よりも重んじられることが十二分に描かれているのである。

その関羽は後世になると「神様」に祀り上げられ、商売人の間では「財神」（金の神様）として広く信仰を集めるようになった。特に香港など中国南方地域ではその信仰は厚い。武将の関羽がお金の神様になった理由は、やはり「義」を重視するからである。「義」を重視する人はお金一辺倒ではなく、仲間を裏切るようなことはせず、公平に物事を進めるからである。

『水滸伝』は『三国志演義』より後世の作品である。一二世紀中国の北宋時代末期、腐敗した政府及びその役人たちの抑圧に抵抗し、宋江《そうこう》を首領とする三六人（小説では一〇八人）が梁山泊《りょうざんぱく》に集結し、武装蜂起したという史実に基づいた小説である。実在の三六人にしろ、小説での架空の設定による一〇八人にしろ、ただ同じ運命で自然に集まったわけではなく、求心力はやはり「兄弟の義」だった。「義」のためには人殺しも許されるし、「義」のために死地に赴くこともいとわなかったのである。

『三国志演義』は歴史小説に近く、『水滸伝』はフィクションの部分がかなり増えている。「義」を誇張したフィクション部分は、むしろ庶民の価値観に合わせた結果とも言えるだろう。この「義」の強調、重視はその後、やくざ集団とも言える中国の秘密結社の基盤ともなっていった。後世の中国秘密結社の青幇《チンバン》、紅幇《ホンバン》、塩幇《イエンバン》、丐幇《ガイバン》（物乞いの組織）はいずれも大いに「義」を掲げて、「義」を以って組織をまとめていったのである。

中国人の「信・義」の「内実」を見ると、明確なのは「自分が出した約束、自分の言った言葉は固く守る」ことにほかならない。見方を変えると、中国人は国や強権力など、所謂「外部」から押しつけられたり強制されたりする「ルール」を嫌う傾向がある。それは間違いなく社会的な「公共性」の欠如につながる性質を持っていた。

つまり「信・義」という側面から見ると、中国人の「内・外」あるいは「自・他」を区別する意識はかなり強く働いていることがわかる。「自分、仲間、内輪」に対しては強く「信・義」を求める一方、法律、社会規則、道徳・倫理などにはあまり重きを置かず、軽視する傾向がある。中国人が「信・義」を重んじれば重んじるほど、皮肉なことに国や政府などの公権力は「外」であり、「他」と見なしてしまうため、軽んじられる結果になるのである。

言い換えるなら、中国人が国や政府に不信感を募らせていくと、公権力への反発は強まり、ますます「信・義」を重んじる社会を歓迎するようになっていくのである。

第三章　会社型社会の光と影

第一節　集団と個人

「会社」と言えば、契約という形で、もともと無関係な人びとが結ばれ、一つの利益共同体を形成することになる。個人はこの共同体、いわば集団に依存し、集団の発展は個人発展の前提条件になるので、集団の利益が個人の利益より優先されることになる。そのため、「会社型」の日本社会は集団を重視する社会だと言える。

数年前、茶文化関係の学会が中国で交流大会を催した。筆者は日本訪中団の一員として、多くの日本人学者と一緒に出席した。会議の主催者は参加者たち一人ずつに小さい赤い花を配った。花の下にはそれぞれの名前が記された布がついていて、相手の名前がすぐわかるようにと配慮されたもので、左胸あたりにつけて会議に臨んだ。午前中の会議が終わり、午後は自由活動になったので、筆者も日本人訪中団と一緒に町の散策に出た。

ところが町に出ると、人びとが老若男女を問わず、われわれ日本訪中団に強い視線を投げかけているのに気がついた。彼らは一様に不思議そうな表情を浮かべながら、目でわれわれの移動を追っていた。このアイドル並みの注目度に筆者は「なんでだろう」と首を傾げながら歩いているうちに、ハッと気がついた。われわれはフォーマルなスーツを着用していて、左胸には赤い花をつけていた。これは中国の結婚式での新郎新婦特有のスタイルにほかならなかったのである。しかも日本人訪中団の男女比率はアンバランスで、中国人から見れば四〇人の新郎と一〇人の新婦が歩いていると見られ、これは確かに異様に映ったに違いないのだ。

筆者は知人の数人にそっと事情を説明し、赤い花を外すように言った。事情を察した彼らはすぐ花を外した。ところがしばらくすると、いったん外された赤い花がいつの間にかまたそれぞれの左胸に戻ってしまっていたのである。

なるほど自分たち集団の多数がまだ赤い花をつけている状態では、自分だけ異なる行動をとりたくないということらしい。これは集団のなかで起きる典型的な現象と言えるだろう。集団のなかでは同じ行動を取ることがいちばん安心で、集団と異なる行動をとると異様に思われるだけでなく、集団から外される「恐れ」を抱くからである。

日本では仕事を終え、同僚たちと飲みに行くと酒の好みは異なっても、一杯目は下戸でない限り誰もが飲めるビールを注文することが多い。「とりあえずビール」という常用語まで生まれている。これも集団社会で人間が多数に合わせようとしがちであることの表れだろう。

「赤信号、みんなで渡れば怖くない」という言葉の実践を目撃したことがある。電車の床に四、五人の女子高生が座り込んで、車内の乗客の目など入らないかのようにしゃべりまくっていたのである。一人、あるいは二人だったらこの女子高校生たちもそのような行動は取らなかった、いや取れなかったはずである。彼女たちは集団としての行動に「勇気づけられた」のだろう。

日本のテレビ番組には「人間観察」を狙った企画を放送することがよくある。「観察される人物を除くと、すべて仕掛け人たちというなかで、その人びとが交差点で急に静止したらどうなる」や「町中を歩いていて、仕掛け人たちが急に同じ方向に走り出したらどうなる」等々である。その反応は仕掛けられた人のほぼすべてが「衆に従う」心理が働くのか、集団に「ついていく」ことになった。

また「ショートケーキを食べるとき、尖っている側から食べるか、それとも底の方から食べるか」「カレーを食べるとき、具からか、それともライスからか」「カレーを皿に盛るとき、ライスが左か、それとも具が左か」「食事のとき、箸をつけるのは味噌汁が先か、それともおかずか」といった問いかけは、外国人からは「どうでもいいことだろう」「なぜ気にするのだろう」「意味のない、つまらない実験」と映るに違いない。しかし日本ではこの種の番組は「集団共通認識の確認」なのか、意外に高い視聴率を得ている。

二〇一七年、ある日本の小学校教師が自分の子の入学式出席のため、勤務している小学校も入学式だったにもかかわらず欠席した。そのため教師が担任する新入生が入学式で先生に会えなかったというクレームが保護者から出て、インターネット上で議論を巻き起こしたことがあった。賛否両論があったとはいえ、この教師への批判意見が少なくなかった。

同じ年、アメリカのプロ野球大リーグヤンキースのジョー・ジラルディ監督は自分の長女の高校卒業式に出席するため、当日のタンパベイ・レイズ戦を欠場し、指揮権をベンチコーチのロブ・トムソン氏に任せた。当日の試合は逆転負けしたにもかかわらず、欠場した監督は批判されなかったばかりか、「チームの他の人たちにとって素晴らしい前例を作ってくれた」「彼が普段から言っていることを実践した。彼は家族を大事にしている」とトムソン氏のコメントに代表されるように、むしろ擁護されていた。

仕事の性質が異なるので単純に比較できないが、「会社型」は集団のために個人に犠牲を求める傾向がある。逆に「家族型」の中国では入学式や卒業式はともかく、子供の受験や子供の病気の場合、親が会社を休むのは決して珍しくない。こうした行動が私事で休むと批判されることはない。かりにその休みを認めない上司だったら、「人情味がない」と逆に批判されることになるだろう。

「家族型」の社会は個人、個性を重んじる傾向が強いと言える。「家族型」には誕生したそのときからすでに「秩序」が存在している。「長幼、尊卑、親疎」など、血縁に由来する「枠」である。やや象徴的に言えば、「お前が生まれた時点で私はお前の父親だ、永遠に。お前が総理大臣になろうが、驚くほどの地位と富を手に入れても私はお前の父親だ。私が寝たきりになって話すことができなくなってもお前の父親だ。これは永遠不変の事実だ」と父親なら思っているだろう、その枠である。この枠はすべての親戚とそれに付属している人間関係、家庭背景、出身、それに関連する社会的地位等々、すべてに嵌め込まれ、その人物を固定させている。

この生まれついた「枠」をうまく利用すれば、出世の足がかりとなるチャンスが多く生みだされる一方、その束縛にあえいで疲れ果ててしまうことも珍しくない。たとえば田舎に生まれれば、どこに行こうとも常に「田舎」「農民」「貧困」「コネなし」「過重家庭負担」「無教養」等々のレッテルがつきまとい、場合によっては、まったく見当はずれのレッテルさえ背負わなければならなくなる。そのため似かよった家庭の出身者は同じようなレッテルを貼られがちで、ますます埋もれていってしまうことになる。だからこそ、そうした「枠」から脱却するためにも「個」を強調するのが必須不可欠の条件になっていくのである。

第二節　横暴老人は会社型社会の特産？

日本には「亀の甲より年の功」ということわざがある。亀は一万年生きると言われていて、それに比べると人間の寿命は短いけれど、年長者の身につけた知恵や技術は貴重で、学ぶべきだという意味である。中国語にも「姜是老的辣、酒是陳的香」（生姜はひねた方が辛く、酒は古い方が味わい深い）といって、年長者の経験からくる知識や知恵を大切にすべきだという意味のことわざがある。

筆者も日頃から、お年寄りの行動や考え方には見習うべきことがたくさんあると思ってきた。ところが最近、訪日外国人の口から日本の横暴な、あるいは非常識といっていいような老人の振る舞いに対する不満の声が聞こえてくるのが増えてきているようで、日本の自慢の〝おもてなし〟は大丈夫なのか、と気になり始めている。

それらの声をすこし拾ってみよう。

その① 来日数回に及ぶ観光客

日本人は電車の中では譲り合い、列を乱し、席の奪い合いなどしないと思っていたが、電車に乗り込んできたお婆さん二人は小柄で痩せていたので、座席に座っても二人分の席で隙間ができるほどだった。ところが両足を思いっきり広げて、とてもみっともない座り方をしていた。「なぜ？」と見ていると、もう一人、遅れて乗車してきた老女が彼女たちの席まで行き、腰をおろしたのである。

要するに席取りをしていたわけで、そんな現場を目撃して驚いたという。

また別の日に、車内で目の前に立っている人がいるのに、その老女は自分の荷物を隣の席に置いたまま席を占拠していても平然としているのを見て、日本人の礼儀正しさが評判ほどではないと思った。

その② 筆者が勤める大学の短期留学生

四人が横一列に並んで歩いてもまだすれ違える歩道を前後二人ずつで歩いていると、後ろからやってきた自転車に乗ったお爺さんに、いきなり「一列に並んで歩けよ、常識だろう」と怒鳴られた。自転車は自分たちを十分に通り抜けられるのに、その証拠に自分たちの前を横三人で歩いていた中学生たちにはそのお爺さんは何も言わずに追い抜いていった。

なぜ怒鳴られなければならなかったのか?

自分たちが中国語で話していたからなのか?それなら明らかに民族差別ではないのか。

その③ 北京大学教授ファミリー

伊豆の世界遺産「韮山反射炉」を観光した。どこから参観しようかと迷っていると、法被を着たお爺さんが声をかけてきた。最初はちょっと警戒したが、その話に耳を傾けてみると、地元の有志会の方で無料ガイドをしてくれるというのだった。説明は上手で、写真を撮ろうとすると、もう一つの世界遺産（富士山）も入れて写真が撮れるスポットや、韮山反射炉を築造した江川坦庵（英龍《ひでたつ》）の代官屋敷（江川邸）まで教えてくれた。あとで知ったのだが、そのお爺さんはただの定年後のボランティア活動家ではなく、地元の市議会議員だったとのこと。このお年寄りのおかげで楽しい日本の一日が過ごせた。

ところが、夕食を外のお店で済ませ、ホテルへ戻る道すがら楽しくおしゃべりをしていた娘が急に黙ってしまい、それればかりか自分の背中に回って、下を向いてついてきた。不審に思い、前方を見ると、なんと一人のお爺さんが木の下で堂々と立小便していたのだ。どうりで娘が下を向いてしまったわけだが、昼間の親切な日本人のお年寄りと、夜、木の下で立小便をしている老人とが同じ日本人だとは思いたくなかった。

その④　日本の国籍を取得した四〇代ＯＬ

ホームでの電車待ちのとき、先頭に並んでいたので、黄色い線のホーム内側に立って、携帯電話を操作していた。すると一人のお爺さんが黄色い線の線路側の、足を踏み外せば下は線路という狭い「通路」を歩いてきているのが、ほんの間近になって気づいた。自分はちょっと携帯を引き寄せたのだが、そのお爺さんは私の前を過ぎるとき、いきなり殴りつけてきたかと思えるほどに荒々しく私の携帯を私の胸あたりに押しつけてきた。自分はびっくりして声も上げられず、ただ歩き去っていく相手を見つめているしかなかった。かなりの年配に見えたが、自分にはわけがわからなかった。

お爺さんが前を通り過ぎるときにもっと大きく避けなかったからなのか？それなら黄色い線のホーム側を強引に歩く方がずっと危険で、非常識ではないのか？あるいは日頃から携帯やスマホを歩きながらも見続ける（操作し続ける）者が気に食わなかったのだろうか？それにしても分別が十分にあるはずのお年寄りが暴力を振るうとは。

その⑤　アルバイトをしている女子留学生

地元の常連客が多い居酒屋でアルバイトをしていると、常連客はたいてい気さくに話しかけてくる。ネームプレートを見て、自分が中国人だとわかると、なおさらのようで、特にお年寄りがよく声をかけてくる。常連客の数人のお爺さんは、最初は親切に声をかけてきていると思っていたのだが、次第に中国に関する自分の知識をひけらかし、自分の武勇伝を自慢げに話し、なかなか自分を放してくれない。まるでクラブのホステスと勘違いしているかのようで、身体にまで触ってくるので気持ちが悪くなる。

自分の祖父の年齢ぐらいだというのに、なぜこうも厚顔無恥なのか呆れてしまう。日本の若い男子は「草食」系と呼ばれる人が多く、弱々しげなのにお年寄りがこんな状態というのは、いったい日本はどうなっているのか？

外国人からのこのような指摘だけでなく、最近ではマスメディアも日本の横暴な老人について取り上げている。

①　ある老人は毎日定刻に自分の家の前で鳩に餌を与えるため、その時刻になると大量の鳩が集まってくる。大量の鳩は道路を占領するだけではなく、糞害もひどく、道路、車、洗濯物、ベランダなどに鳩の糞が落ちている。雨樋が鳩の糞で詰まった被害も出た。そして、町中に鳩の糞の匂いが充満している……。

我慢の限界を超えた住民が老人に餌やりをやめるよう申し入れたが、無視され、テレビ局の記者が玄関まで追って、コメントを求めようとすると、老人は洗面器いっぱいの水をかけてきた。やむなく住民は市役所に訴えることにした。しかし役所のスタッフも同じく水をかけられた。

老人は「公務執行妨害」で一時拘束されたが、すぐ「自由」の身になるだろう。そしてすぐ鳩への餌やりを再開するだろう。

②　ある老夫婦は家の前の公道を私有物で九〇％以上を占拠していて、通行人に残された道

はわずか五〇センチほどの「隙間」だけである。自転車の通行人は自転車を肩に担いで通らざるをえない。車いすの人は車いすから降りて、路端の柵を手すり代わりにつかまって、よろよろと通らざるを得ない。ここを通らないと四キロ程、遠回りしなければならなくなるからである。

この占領事件は世間の批判に晒され、役所の取り締まり部門が解決に乗り出したようだ。しかしすべて法的な手段を踏んで、最後の決着を見るまでには、まだまだ時間がかかるに違いない。

③「保育園落ちた 日本死ね」は日本中を震撼させた。国会でも取り上げられて、一大社会問題と化した。これをきっかけに各役所は「保育園不足問題」を解決しようといろいろ努力したようである。ようやく用地確保ができ、資金確保もでき、議会の承認も取ったが、保育園の建設ができない。なぜなら、建設予定地周辺の住民に反対されたからである。反対する人たちは老人が絶対多数で、反対の理由は「子どもがうるさい」だった。

これは一か所の特別事例ではなく、各地で複数発生している。

「礼儀正しい」と評判高い日本人、公共意識が高く大声も出さない日本人、すれ違う際、軽く相手の肩に触れてしまったら即座に「すみません」という日本人、保育園児でもしっかり挨拶できる日本人、それなのになぜ老人になると、横柄、横暴になる人が増えるのだろうか。

この疑問に対して、世界中のさまざまな領域の学者がすでに研究している。

更年期になると、感情の抑制ができなくなる老人が増え、更年期障害の典型的症状の一つが怒りやすくなる――生物学者。

老人になると、脳の前頭葉部分が委縮し、判断力と感情コントロール力が落ちる――脳学者。一方、加齢によって感情コントロールがうまくできるようになる。また誠実度、協調性、責任感も以前より増すので、敵対感情が下がるというケンブリッジ大学研究者の声もある。つまり横暴老人が増加するのは不可解だという研究結果だった。

朝日新聞社のインタビューで、日本の老人たちは自分の境遇についてさまざまな感想を述べていた。①暇を持て余している。②以前は三世代の大家族で一緒に暮らしていたが、今は話す相手さえもいない。③寂しい。④自分たちの努力で今日の日本があるのに、若い人たちからはまったく相手にされず、無視されている。

アメリカのホワイトカラー、特に管理職層の収入は同等職の日本人の十倍から百倍以上になるという。このようなアメリカ人の定年後は、十分な経済的余裕を基盤に積極的に福祉活動、慈善事業に従事する人が多いという。しかし日本の老人にはその余裕はほとんどない。十分とは言えない年金額は老後生活に影を落としている——これは社会学者の声だ。

どの説も一理あるが、筆者は敢えてもう一つ、民族文化説を加えたい。

日本のサラリーマンは現役時代、会社の規則、社会のルールに基づいて、規律正しく生活している。これらのルールや規則は一種の束縛という捉え方もできるのだが、「会社型」社会の人間には社会的な規範は一つの枠であり、レールのような存在で、頼りになる。枠の中で生き、ルール通り行動するのがもっとも無難で、安心できるからである。

しかしいったん定年を迎え、退職すると枠もレールもすべて消えて、一気に「自由だ」と感じる人もいるし、逆に行動基準を失い、困惑する人も少なからず現れる。そのため定年後、自分の「居場所」を見つけられず、鬱になる人もいるし、横暴になる人も現れる。

国際連合教育科学文化機関の「年代別幸福度調査」結果を表す曲線図では、大多数の国は〝U〟字曲線を示している。つまり就職前と退職後は、より「幸福」と感じ、就職期間中の「幸福度」はほかの年齢帯と比べると低いという結果だった。しかし日本は〝逆U〟字曲線を示している。つまり日本人は会社に勤めている期間がもっとも「幸福」だと感じていることになる。これは、日本が「会社型」社会の何よりの証と言えるのではないだろうか。

第三節　マニュアル化の社会

筆者は仕事柄、国外からの留学生や留学経験を持つ日本人学生と触れ合うことが多い。あるとき中国に短期留学して、日本に戻ってきた日本人学生に「中国の印象は？」と聞いたことがある。

留学生はやや考えてから、「中国人は親切だと言うか、人情に厚いところがあるかなと思う」と答えた。

筆者はその答えに驚いた。なぜなら短期留学生がいちばんよく触れ合った中国人はおそらくサービス業の人間だと思われ、中国のサービス業界は態度が悪いと定評があるからだった。

筆者の疑い深そうな表情を見たのか、日本人留学生は少し説明を加え、「あの〜、日本のサービス業は表面的というか、形式的な態度や言葉遣いは良いのですが、実は心がこもっていない」と言った。

そのときはこの学生の話がきちんと理解できないまま、あるインターネット申し込み事件に遭遇することになってしまったのである。

昨年のこと、転居に関わって転居先のインターネット契約手続をしなければいけなくなっていた。運送会社を通じて、すでに斡旋会社や中小インターネット会社から数件の売り込みが入っていた。しかし携帯電話と同じ会社でセット契約すれば割引があると考えて、携帯電話と同じ会社、つまり日本の最大手の会社に決めた。

さすがに最大手なので、客が多く一時間も待たされることになった。しかし店員の対応は上々で、常に笑顔で言葉遣いも丁寧で、手早く手続をしてくれた。しかも現在使用中の契約を移転するほうが得か、それとも解約して、新しい契約を結んだほうが得かについても、いろいろ調べてくれた。結果としては新規契約になった。そのとき筆者は一つの要望を出した。「部屋の数が多いから各部屋までインターネット用のLANケーブルの有線配線をお願いしたい。有料だと思いますが、壁の中に配線を通す隠蔽配線でお願いしたい」と。子どもがWi-Fiのスピードが遅いことを気にしていて、有線配線を望んだわけである。まさかこの何気なく出した要望があとで筆者を苦しめることになるとは、その時はまったく予想していなかった。「外から家までのインターネット配線をする工事の予約をしました。屋内の配線に関しては、直接工事の方に聞いてください」店員はこう応じてくれた。

そしてインターネットの工事はおよそ一ヵ月後の転居数日前にセットした。

工事日当日、工事技師は手早く作業をして、またたく間に開通させてくれた。最後に過日の店員から言われた通り「モデムからほかの部屋へ隠蔽配線したいのですが、お願いできますか?」と聞いた。

「あっ、できますよ。でも壁の中に配管がすでにあるので、光ケーブルを通しますが、簡単です。ただ事前に伺っていませんでしたから、今日は何の準備もしていないため、今日はできません。先ず予約してください」

「今、直接予約できますか?」

「いや、予約はやはり最初の契約の店で行ってください。われわれ下請けの業者は直接受注することはできないんです」

工事技師はこう言うと、名刺を置いて、帰って行った。

仕方がなく、改めて最初に契約を結んだ店に出かけて行った。

今度の店員の態度も、言葉遣いも良かった。そして契約者である筆者の前で、あちこちに電話して、配線工事の連絡が始まった。でもなかなかうまくいかず、時間ばかりが過ぎていった。どうやら「隠蔽配線」がどんなものか、なかなか伝わらないようだった。五時間以上も経って、閉店に近づいた頃、店員が出した結論は「量販店に相談してみたらいかがですか」だった。

「え?」と思いながらも量販店に向かった。

なんと量販店の対応者は大手通信会社のスタッフだった。

用件を再度、説明すると、そのスタッフは次の三点を教えてくれた。

① 隠蔽配線はできるはず。

② 量販店に相談するよう勧めた人間はあまりにも不勉強で、知識がなさすぎる。

③ 配線申し込みはやはり最初に契約した店で行う必要あり。

こうして、またもや最初に契約した店に戻った。対応したスタッフは別人で、同じ用件を再度、繰り返し、前回同様、やはり長い長い電話のやり取りが待っていた。そして前回同様、やはりすんなりと申込むことができなかった。最後には「配線工事予約担当は別会社の光サービスセンターが担当しているので、お客さんが直接、そちらに連絡すれば話は早いかもしれません」と言われた。

筆者がその別会社に直接、電話をし、何回目かも忘れるほど説明し「屋内の各部屋へインターネットの隠蔽配線工事をお願いしたい」と言うと、電話口の担当者は配線工事の話に一切触れず、逆に「有線配線ではなく、Wi-Fiを使うのはいかがですか」というアドバイス。ちょっと待ってくれ、Wi-Fiが遅いのを心配したから、有線配線を望んでいるのに、なぜ客の要望を無視するのだろう。

「マルチメディアボックスを使えば、有線配線ができるかもしれません」

「そのマルチメディアボックスというのはどこで手に入りますか」

「電気製品の量販店ではないでしょうか」

またもや量販店へ。店員からは「マルチメディアボックスって何ですか？初耳です。そんな便利なものがあれば、ぜひ教えてください」と逆に聞かれる始末。

「家のリフォーム会社に相談してみたらいかがですか」

こちらは家のリフォームを終えたばかりで、リフォーム中にこの件は相談して、今に至っているのに。それでも淡い期待を抱いて、再度リフォーム会社に相談した結果は、

「壁に配管がなければ、リフォームで配管新設工事を行うケースはありますが、お宅はすでに配管が済んでいて配線を通すだけのことですから、やはりインターネット工事会社の方が安あがりだと思います」だった。

「まさか今の時代、隠蔽配線工事ができないなんてことあるの」と思いながら、最初に我が家にインターネット工事に来た技師が残していった名刺の会社に電話で問い合わせた。

「配線工事も、隠蔽配線工事もうちでできます。ただし申込は契約した会社でしてください」

配線工事の具体的な価格表まで教えてくれながら、これが返事だった。

「何かがおかしい」と疑念を抱きながら時間は無駄に過ぎていき、とうとう転居も終え、モデムが置かれたリビング以外の部屋でインターネットが利用できない時期に突入した。仕事にも支障をきたし始め、契約したインターネット会社の社員がまたもや「リフォーム会社に相談し

てみたらいかがですか」という声が電話を通して聞こえてきたとき、筆者の我慢も限界を超えてしまった。

「君はリフォーム会社の仕事を知っているのか」

「いえ、あまり詳しく知りません」

「自分がよく知らないのになぜ客に勧めるのか。あまりにも無責任ではないか」と強い口調で言うと、しばらくの沈黙後「うちではその配線工事の受付はできません」と開き直った返事。

「今の言葉に君は責任を持てるのか。マスコミにもはっきり言えるのか。インターネットの会社なのに配線工事ができないとは、会社の名誉にもかかわるよ」と怒りをぶちまけた。

またもやしばらくの沈黙。やがて「こちらで調べてみます。もう少し待ってください。こちらから連絡させていただきます」

そして翌日。電話連絡が入り「お客さん、この電話番号にかけてみてください」と伝えてきた。

その電話は日本最大手会社の番号で、そこのスタッフの話から、
① インターネット配線工事は基本的にその会社しかできない。
② 最近は配線工事の申込がかなり減ったので、協力会社の多くの窓口担当者も申込方法を知らないのだろう。

ということがわかった。

このインターネット申し込み事件について多くの紙幅を費やして紹介した目的は、日本という社会があまりにもマニュアル化され過ぎていることを指摘したかったからである。マニュアル通りに動く。マニュアル通りでしか動けない。マニュアルにないことには一切、応じないし、関心も抱こうとしない。これに慣れてくると、次第に自分の脳で物事を考える力が退化していくようで、筆者の体験のように、でたらめで無責任な「アドバイス」を平然とできるようになるのである。これこそ中国留学体験をした日本人学生が言った「心がこもっていない」点ではないのだろうか。

「高度なマニュアル化現象」は、日本のような「会社型」社会の一つの特質だと言える。血縁にあまり頼らない「会社型」では、契約内容を明確化することで「目に見える形」にし、物事の運びを順調に進めようとする。枠から逸脱しないようにするのには有効な手段と言える。そして言うまでもないが、マニュアル化は「目に見える形」の延長線上にある。

過度のマニュアル化が招いた日本の「あきれた現象」を紹介する。

同僚と飲みに行った会社員が二軒目の店で少し空腹感を感じたので、飲み物と肴を注文した後、店員に「ライス一つもお願い」と注文した。すると店員からは、「申し訳ありません。ライスは置いていません」という返事が返ってきた。ないものは仕方がないと諦め、会社員はしばらく飲んで、追加注文しようと、再度メニューを見ると「お茶漬け」があるではないか。急いで店員を呼んで、「さっきライスを注文して、ないと言われたけれど、お茶漬けがあるじゃないの」と少し難詰口調で言った。すると店員は、「お茶漬けはメニューにありますよ。でもライスはありません」と言った。

会社員は苦笑しながら「そのお茶漬けをください。ただし具とお湯を入れないで、ご飯のみでいいから。お茶漬けの代金を払うので」と頼んだ。ところが、「あの～、メニューにないものは提供できません」と店員が応じたというのである。

この「あきれた話」を聞いたとき、筆者は思わず「アホか」と呟いていて、こんな店員に遭遇したら、どうしようと思った。店員の対応はマニュアル通りで「間違い」とは言えないかもしれない。ただし客からすれば納得できないだろうし、文句の一つも言いたくなるだろう。

この事例は過度のマニュアル化が脳の硬化を招いていると苦笑いで済むかもしれないが、次のような笑っていられない事例を一つ紹介しよう。

筆者の家の近所に焼肉食べ放題の店があり、安くて美味しいという評判の人気店だった。ある客のテーブルで網に残った肉の滓が少し燃えていた。客は店員を呼んで処理を頼んだ。店員は団扇を持ってきて、風で火を消そうとした。これはマニュアル通りだという。通常はその方法で火を消せたのだろうが、そのときは火勢が強かったのか、なかなか消えなかった。それでも店員はあくまでも団扇をあおぎ続けていた。その結果、溝やホースの中の油脂に引火してしまったのである。驚いたことに、それでもこの店員は送風の手を緩めなかった。マニュアル通りだから。しかしそのときには、火を消す「風」は火を煽る「風」と化していたのであった。あっという間に店内は煙が充満し、火が立ち上ってきたのである。

危険と判断した客たちは一斉に席を立ったが、全員が外に避難することはせず、レジで支払いをしようとする客も多かった。すると店員は支払いをする人が先か、客の避難誘導が先か、それとも消火が先かと右往左往するばかり。やがて店は大混乱に陥った。

このようなケースではマニュアルにないため、緊急時での対応などできるはずもなかったのである。死者やけが人などが出なかったのは何よりだったが……。

過度のマニュアル化は柔軟な対応力を奪ってしまう。これでは日本企業の競争力を次第に削いでいってしまうのではないかと大いに心配になってくる。

第四節　会社型社会における企業の部外パワハラ

最近は日本の企業でも職場でのハラスメント対策への取り組みがそれなりに行われてきているようである。ただ日本の企業や組織がハラスメント防止対策の実施に取り組み始めた時期は、それほど昔のことではないようだ。東京都がハラスメントの定義を定め、相談窓口を設置したのは一九九五年だった。

一方、大学など高等教育機関でのハラスメントへの取り組みは、一般企業や自治体より進んでいるかもしれない。これには大学という組織そのものの性質が大きく関わっている。大学人たちの意識が先進的だからではない。ハラスメントが発生しやすい職場だからである。

他の職場と大きく違う点は、教員と学生・院生の関係は指導する者と指導される者という明確な立場の違いがある。しかもかたや成績評価を出す側、かたや成績評価を出される側というこれまた明確な違いがある。そして「期間限定付き、一回限りの成績評価」は、指導される者からすると、ハラスメント行為があっても我慢する傾向が強くなる。ところが高学年の「ゼミ」となると、教室だけでなく日常的な触れあいも増えるだけに、ひたすら我慢というわけにもいかなくなる場合も出てくる。さらに院生になると、セクハラ、パワハラだけでなく、アカハラ（アカデミックハラスメント）も加わりがちである。

いずれも指導する側の意識の問題であり、相手に不快感を抱かせる言動には相当の神経を払わなければならないのは当然だろう。厄介なのはハラスメントになるか、ならないかは相手の受け止め方次第で、不快だと感じれば、それがハラスメント行為になることである。それだけに指導する側は細かく神経を使わなければならないし、常に相手の立場に立って、みずからの言動に注意することが求められる。

それでは中国ではこうしたハラスメント防止への取り組みが行われているかと言えば、残念ながらその答えは否定的にならざるを得ない。ただし歴史上〝権力乱用〟を抑止し、取り締まる対策として専門機関が設置されることはよくあった。たとえば歴代の王朝によって名称はさまざまだが、〝御史〟や〝十三道〟、そして現在の〝中紀委〟（中国共産党中央紀律検査委員会）などはそれにあたる。

しかしこうした機関は、日本のハラスメント対策部署とは当然、意味合いを大きく異にする。一つは官僚、役人を対象としていて、一般庶民、個人事業主及び私営企業の経営者などは対象外である。しかも個人対個人の問題ではない。したがって現在、習近平政権が実施している倹約令なども官僚を含むすべての公務員に出されている「政策」にほかならない。

もう一つは、部下や関係者に対する権力乱用への監視、取締りが行われると共に汚職や贈収賄、個人的道徳問題なども取締りの対象になっている。しかしどれも官僚の廉潔を保つためで、これまた「政策」と言っていいだろう。

ハラスメント防止を目的とした委員会は、政令や法律では律しきれない行為者の言動によって不快な思いや脅威を感じ、不利益を与えられないようにするためである。つまりかなり限定的で、おおむね職場内の、常に言葉を交わす人間関係において起こり得るハラスメントを対象としている。

だがよく考えてみると、このような「行為者の言動によって不快な思いや脅威を感じ、不利益を与えられる」ことは、一歩外に出ると至る所で起きているのではないだろうか。

大手企業と下請け会社の関係ではどうか。また小売業界の大手とその下請納入業者の関係はどうか。強い立場の会社が無理難題を押しつけても弱小の会社は受け入れざるを得ず、苦痛や不利益を与えられているのが当たり前となっている。福島放射能除染問題で、何重もの下請委託をして、下請は孫の孫会社にまで及び、最終の作業員の手取りは国規定の金額の五分の一以下にもなってしまっている。「権力」とのパイプを持ち、受注できる「親」会社は有無を言わせず下請会社に安い金額で仕事を回していく。しかも場合によっては「不正取引」と断じられて、法によって指導や取締りの対象となることもある。しかし多くの場合、弱者は泣き寝入りするしかない。

これは明らかにパワハラだと思うのだが、残念ながら現在の日本で、こんなことを言ったら笑われるに違いない。ここでは組織内のパワハラや「上下関係」にある取引企業同士間のパワハラ以外に、もう一つのパワハラについて述べることにする。それは企業、特に大手企業の一般ユーザー（個人顧客）に対するパワハラである。これを「部外パワハラ」と呼ぶことにする。

日本の銀行でこの「部外パワハラ」によく直面する。

最近、銀行の整理券発券機近くに銀行スタッフが立っているのをよく見かける。不慣れな客へのサービスを考えているのだろうが、このスタッフが必ずしも業務に精通しているとは限らない。筆者が銀行に行ったときのこと、発券機スタッフに身分証明書が必要だと言われ、仕方なく、その日は帰ることにした。翌日身分証明書を持って再度訪れると、今度は発券機スタッフのガードも無事突破できた。ところが窓口に進み、身分証明書を提示すると「要らない」と言われたのである。時間に追われていたので、クレームを言う余裕もなく、その場は黙って銀行を出たが、よく考えてみると、サービスのために設けられたはずのスタッフからかえって迷惑を被った客は筆者だけではないように思う。

ちなみに銀行業務の流れに多少慣れている客、特に定期的に利用する法人客にとって、発券機スタッフと窓口スタッフに二度用件を説明することになり「かえって面倒になった」という声がたびたび聞こえてくる。単なる余計なお世話程度ならまだ無視すれば済むが、仕事の邪魔になるようなら話は別になってくるだろう。

もちろん発券機スタッフを必要とする人間もいるはずである。ここで電気量販店のサービススタイルを思い出した。ある大手量販店では、客からの要求がない限り、積極的に商品の説明や促販活動は行わない教育を徹底的にやったとのことだった。のんびり買い物を楽しみたい客の邪魔をしないためである。つまり銀行にとっても、必要とする客にだけ世話をする手段はあるはずだと思うのである。

聞くところによると、銀行のフロアに立つスタッフは、国が推進している再雇用対策人員を置いているとか。いくら国の政策に積極的に応じるためとはいえ、業務に不精通な社員や余剰社員を客の必要性に関わりなく、客には迷惑でさえあることなどにもお構いなく、一方的に客に押付けてくるのはいかがなものか。もちろんそのコストは客に転化されるかもしれないのだ。そして客は不満を訴える場もないのである。これこそ大手企業の部外パワハラではないのだろうか。

また銀行員の丁寧な対応の奥に潜む、上からの目線も気になる。おそらく金を取り扱う業務だけに、どこかで客を全面的には信用していないか、彼らの方が優位に立っているとでも勘違いしているからなのではないだろうか。それが客への対応は一見、丁寧に映るが、まるで命令でもするような言動につながっているように思える。

たとえば私のような外国人は通帳の名前は手書きのため、通帳更新は窓口で行わなければならない。あるとき「通帳の最後の頁の下段まで使わないと更新しない」と言われ、数日後、記帳スペースを三行ほど残して窓口を訪れ、通帳の更新を頼んだ。ところが、今度は「通帳の最後まで使っていただけませんか」と言われ、またもや更新を断られてしまった。そこで「一人のユーザーとして協力したいが、個人的な事情で、二、三日以内に確認しなければいけない何件かの入金がある。窓口に来る時間がなく、通帳の更新をし、ＡＴＭで入金確認をしたいのだが」と事情を説明して、頼んだところ「今回は特別に更新してさしあげますが、次回からは最後まで使ってください」と上から目線で言われた。白黒をはっきりさせないと気が済まない性格の筆者は、前回と今回の銀行員の説明が異なることを指摘したうえで、「銀行の規則では、通帳の最後ページはいったい何行まで使用すれば、更新できるか」と訊くと、「実は明確な規定はなく、これはあくまでお客様に対する呼びかけです」との返事だった。

協力要請ならこちらには拒否権があるはずである。それにもかかわらず、あくまで上から目線で押し通す姿勢を変えようとはしなかった。

銀行員は丁寧な口調で銀行側のやり方を押しつけ、客に選択の余地を与えないのである。これには部外パワハラ以外の言葉が浮かばなかった。

同じく銀行に関わる、ある中小企業社長の話を紹介しよう。

業務上、振込をよく行うので、ある大手銀行のネットバンキングを利用しているという。ある日、新しい振込先への送金を依頼したところ「エラー」表示が出てしまったという。何度やっても「エラー」と出てしまうのだが、当日入金しなければならないため、急いで大手銀行に電話で問い合わせた。すると「資金洗浄あるいは不正送金防止のため、システムが自動的にその依頼を止めたのでしょう。いただいたこの電話により、この振込先は解除されますので、数時間後、再度送金依頼手続きを行ってください」という返答だった。その後も新しい振込先だと、かなり高い確率で「自動的に止められた」という。これはあまりにも不便で仕事にならない。銀行に改善を要望しても、「これは弊行の規定になっておりまして、今のところできません」と、言葉だけは丁寧だが、慇懃無礼だったという。

社長の不満は実は「不便や面倒」にあったのではなく、次の言葉に集約されると言えるだろう。

「資金洗浄や不正送金など犯罪行為を防ぐのは我々利用者にもその義務があり、反対というわけではない。セキュリティー強化はむしろ我々顧客のためなので、反対する理由などない。ネットバンキングのセキュリティーは何重にもなっている。ログインパスワード、取引パスワード、ダイレクト番号カードなどに加え、ワンタイムパスワードも利用している。これでも安心できず、システムの自動ロック機能を加えるならそれは仕方がないが、なぜ電話一本で解除できるのか？確かに電話の時、生年月日や電話番号など本人確認をされたけれども、もしネットのセキュリティーが破られたら、これらの本人情報は全部漏洩することになる。つまり本人確認はすべて形式上のものにすぎないはず。こう考えれば、この自動停止機能システムもただ顧客に不便をかけるだけで、実は何の役割もないのではないか？いや、自分が銀行業務を理解していない可能性もあり、これはただ自分の屁理屈かもしれない。しかし事前に何の説明もなく、その理由の説明を求めても、弊社の規定との一点張りでは、やはり納得できない」

しかしそれにしても「会社の規定」という言葉でシャットアウトされてしまったら、我々顧客はほかの選択肢は何もないことになってしまうのである。大企業のこういった類の「パワハラ」を受けたのは、この社長だけなのだろうか？納得のいかない対応をされた人は多いのではないだろうか。

もう一つ筆者に関わる銀行での出来事だが、ある日、子どもの学費を振り込むために銀行を訪れた。やはりATMスタッフに阻まれて、「お取引申込書付表」という申込用紙に記入しなければいけないとのこと。しかも記入項目はあまりにも詳細で、「名前」「職業」「勤務先・勤務先電話・住所」「貯蓄・生活費決済・給与年金受取など七つ以上の項目から選ぶ取引目的」など、まるで投資口座開設審査を受けるような詳細を極めたものである。ようやく記入が完了し、順番待ちをして窓口に行くと、またもや身分証明書を求められ、そしてコピーを取られた……

確かに「資金洗浄」「不正送金」「振込詐欺」などの違法行為を防ぐために、いろいろ工夫しなければいけないし、国の規則があるのもわかる。しかし上記の銀行の取った「手段」で言うなら、身分証明書のコピーを取るなら、個人データの記入は不要のはずである。また記入した勤務先などはまったくチェックしていなかった。そして銀行に来た用件そのものは窓口に頼むもので、さらに用紙に記入しなければならない理由がわからない。理解不能だった私はその場でスタッフに聞いたところ、返ってきたのは「会社の規定だから」という簡単かつ明瞭な、筆者の質問にまったく答えていない返事だった。この返事で筆者はかえって納得したのだった。要するに実際の不正防止効果や利便性、顧客に負担をかけるかどうかなどはどうでもよいのである。遵守すべき会社の規定を形だけでもいいからきちんと守っている姿勢を内外に示すのが最優先なのだ。もちろん「お取引申込書付表」印刷代や制作費などの費用も、振込手数料や時間外手数料などとして、顧客に転嫁することになるのだろう。しかもこれこそ、その銀行の規定であり、いくら納得がいかなくても拒否できない。

拒否すればこちらの用事が処理できないわけで、ここには明らかに「処理してやる」側と「処理してもらう」側の力関係が生じているのである。形式主義による部外パワハラにほかならない。

企業内部の上司からのパワハラなら、被害者はパワハラを受けた本人一人のみである。しかし部外パワハラの被害者は不特定多数になるはずである。部内の場合、ニコニコしながらパワハラをする上司がいないわけではないが、少ないだろうし、仕事面の権力乱用もやはり同じ職場の、ほかの同僚に気づかれやすい。一方、部外パワハラはあくまで笑顔の「仮面」の下で行われ、しかも相手は基本的に内部業務に詳しくない部外者なので、気づかれにくい。むしろ知らないうちにパワハラを受けている。言い換えれば、パワハラを受けてもその場一回限りであることが多く、自覚症状を持つほどに不合理性の認識が維持されないわけである。

このように銀行が「犯罪予防」「エコ」などの立派な大義名分をかざして、顧客の利便性、利益を考慮せず、形式ばかり重視するのは部外パワハラの典型的な特徴である。そして上層部だけではなく、会社の末端社員までがそのパワハラの実行者になるのである。つまり企業一丸となって行うことになるのも、部外パワハラのもう一つの特徴である。

部内パワハラに対しては現在、日本の多くの企業、法人がハラスメント行為防止に向けてのさまざまな対策を立て、研修も実施している。実際の効果は別にしても、少なくとも被害者として訴える場は与えられている。だが部外パワハラの場合、加害者が「違法行為」「不正取引」など規則に抵触しない限り、多くは弱い立場に置かれている被害者は自分の権益を守る術を何一持っていないのである。

これまで述べてきたような形式主義、部外パワハラと思える行為は銀行に限った話ではない。たとえば携帯電話大手のＳ社は自社規定によって、公的機関が発行する「住民基本台帳カード」を身分証明書類として認めないということがマスコミで取り上げられていたが、身分証明書として認めない理由は単純明瞭だった。会社の規定に従っただけなのである。企業規定が法律を凌駕しようとしている。

銀行と多少違って、携帯電話会社で部外パワハラを受けたら、その会社から逃げる、つまり別の携帯会社に鞍替えが可能（選択肢はそう多くはないが）で、一種の抵抗行動ができる。その意味では、部外パワハラを顧客に行なう企業は、その顧客を失うという危険性を孕んでいる。

顧客を大事にしない企業に未来はないし、形式ばかりを重視する企業にも未来はないだろう。ある企業が「大手」という「金看板」を背負い、「平和」「安泰」ばかりを享受しようとすれば、いずれ企業内から向上精神が失われ、形式主義が跋扈するようになり、競争力が失われていくのは明らかである。

部外パワハラは日本経済の活性化を失わせる、社会のガンの一つにほかならない。この形式主義及びそこに派生する部外パワハラは、日本がさらに会社型社会に突き進んでいく過程で発生した不条理としか言いようがない。

第四章　家族型社会の特質

第一節　官と民

久旱逢甘霖　　長く続いた干ばつに恵みの雨が降る
他郷遇故知　　故郷から遠く離れた場所でばったり旧友に出会う
洞房花燭夜　　愛する人と新婚初夜を迎える
金榜題名時　　科挙試験最高位の殿試の合格名簿に名前がある

この四句は宋代の詩人・汪洙《おうじゅ》の「神童詩」の中に見える語句で、宋代の洪邁《こうまい》の「容齊随笔」にも転記され、中国人の「人生四大喜事」として、広く伝えられてきている。

この四句をみると、一句目は自然現象で他力本願である。二句目は偶然性が高く、三句目は必然性がある。そして四句目こそみずからの努力で勝ち取る事柄である。詩は最終句に作者の思いがもっとも込められることが多いと言われるが、第四句目は科挙の殿試に合格したとは、高級「官僚」になることが約束されたわけで、中国では最大の成功者であり、最大の目標だった。

また中国では「男児膝下有黄金」（男子の膝元に黄金有り）ともよく言われる。男が膝を屈することは黄金と同じように滅多にあることではなく、「男は軽く膝を折る」、つまりみずからを卑しめ、屈服するようなことがあってはならない、という教えである。そもそも「膝を折る」とは「跪《ひざまず》いて叩頭《こうとう》する」いちばん鄭重で、正式な礼儀作法である。儒教の教えでは「祖先や親」には膝を折って挨拶しなければならなかった。祖先や親以外の人に膝を折ると、それは礼ではなく、屈服、命乞いなどを意味して、屈辱的な行為となった。しかし例外があった。「民」は「官」に膝を折らなければならないとされ、「官」は民の上に君臨する特権階層だったのである。

中国の官僚選任制度は複雑で、時代によって異なるが大別すると、漢時代の「選賢良方正制」、魏晋南北朝時代の「九品中正制」、そして隋唐以降の「科挙制度」と変わっていく。「選賢良方正制」は「郷挙里選」ともいい、中国の漢代に行われていた官吏選任方式である。地方官や地方の有力者が支配下の「賢良方正」の人、つまり優秀な人物を推薦するという形式だった。推薦権を持つ地方官や地方有力者は、自分と血縁関係のある一族の人を積極的に推薦する傾向があり、一族の勢力拡大を図った。その結果、地方豪族の増加と強化を助長した。

「九品中正制」は官僚が一品官から九品官まで、九品格に分類された（一品官が最高位）ことによる。郡には中正官と呼ばれる者が任命され、郡内の人物を一品から九品までに評価し、この評価を「郷品」と呼んだ。選ばれた人たちは「官品」生活、つまり官僚としての生活を始めた。

郷品で決められた等級はその人の最高の官品等級と決められていて、基本的にそれ以上には昇進できなかった。後に郡より一つ上の行政区分である州にも評価者が置かれるようになり、「州大中正」と呼ばれた。「九品中正制」は地方の有力者が主導する形で、官僚となる者の推薦が行われていたが、それを政府主導に変え、漢代では、それまでの「徳行」に重点を置いた人事基準から「能力」主義へと基準を移行させる意図があったとされる。結果的には、貴族層による支配を更に強固にさせ、魏晋南北朝の士族誕生の土壌を醸成することになった。

官僚選任システムが科挙試験に変わると、状況が一変した。もはや出身や門閥、有力な推薦者の有無などは関係なくなり、努力次第では誰もが出世のチャンスをつかめるようになったからである。

すでに述べたように、科挙試験の合格者によって文人集団が形成され、中国に「官」という階層が出現することになった。商業軽視の中国古代では「官」は出世の象徴であり、民の目標であり、特権階層でもあった。しかしこれは世襲制ではない点で、日本の武士階層と大きく異なっていた。

世襲制となれば、自分の将来を変えよう、あるいは特権階層になろうなどという意識を持つ者はおらず、決められた身分のまま生活していくしかなかった。一方、中国の「官」は自分の力で掴んだ「特権階層入り」なので、選民意識や勝ち組意識が強くなる。しかもこのエリート意識は「官」だけが持つのではなく、一般の民が「官」を見るときにも彼らがエリートであることをすっかり認めるようになっていった。だからこそ「官」に対して、「祖先や親」に対するのと同じく、〝膝を折ってもいい〟と認めたのであった。こうして中国の「官」と「民」は同じように「孝」を大切にしながら、「異なる陣営」に分かれ、それぞれ「不対等の階層」になって、「違う意識形態」を持つことになった。「官」と「民」は必ずしも敵対するわけではないが、立場的には対立的な存在となった。

日本の封建時代の社会構造が「会社型」とでも呼べることはすでに述べた。江戸幕府を例に取るなら、天皇は名誉理事長か会長で、幕府が本社で、社長は将軍、藩は支社で、藩主は支社長といったところだろう。本社の方針は厳守だが、支社の運営は支社長の裁量に任せられ、大きなミスさえしなければ支社は存続し、支社長も安泰である。では中国はどうだろうか？

こちらはいたってシンプルで、皇帝が全株を持つワンマン社長で、役員会議はなく、社長命令は絶対で、会社規則はそのまま国法だった。そして権力を支える最大、最強のものは「軍」と認識されていて、日本のように事が起きて初めて軍隊を編成するのではなく、常備軍が社長の資金によって組織され、社長が統帥者だった。このワンマン社長を退陣させるには、軍事行動によって社長交代を実現するほかなかった。

近代以前の中国の社会構造の特徴は以下のようになるだろう。

① 契約関係ではなく、明確な服従関係。
② 「民」には「官」に異議申し立てする方法がほとんどない。法による裁断ではなく、「官」個別の判断尺度、善悪尺度によるところが大きい。
③ 「官」「民」の立場は明確で、対立構造である。

とはいえ、会社でも国家でも実際の生産に直接携わるのは管理職（「官」）より一般社員（「民」）である。「社員」と「管理職」が対立すれば、会社経営はうまく運ばない。国家運営も同様だろう。

では、中国はいかにして安定して国を運営し、長期にわたって中華文明を築いてきたのだろうか?

実は中国社会にはもう一つ、人間を結びつける絆が存在する。前述したように家族、宗族、血縁関係がそれである。

「官」は成功者で「民」に対して優越感を抱きがちになる。「官」は特権階級であり、「官」になることこそ「一大事業」だった。「官」から見ると「民」は弱小であり、異を唱えることも、反抗もできない者たちだった。こうして中国の「官界」が腐敗の温床になっていく体質が生まれた。

一方「民」は「官」の行為が抑圧的であり、闇に閉ざされている部分が多いため不信感をぬぐい去ることができない。この不信感は当然「官」の頂点にある中央政府に向けられていく。そして不満、不信、不公平感が増大していくと『水滸伝』のように「反政府」行動に出るか、そこまでの行動が取れない場合は、「個」の関係を重んじて「義」で結ばれようとした。「官と民」の対立は、中国という国に避けがたく存在する特徴の一つと言ってよく、その傾向は現在もなお消えていない。

第二節　公と私

来日外国人が増加の一途をたどるが、この日本という国が外国人の目にどう映っているのか、という報道や紹介もずいぶん増えた。公共意識が高く、おもてなしをアピールしている日本はおおむね良好な評価を得ている。たとえば町がどこも清潔、ルール遵守、列に割込む者があまりいない、電車など公共場所では大きな声を上げず、他人に迷惑をかけないように心がけているといったことである。

もちろん不評もある。たとえばタクシー料金が高過ぎる、在来線にトイレがない（地方の路線にはあるのだが）、富士山など有名観光スポットと交通機関の連携を工夫すべき、といった観光客ならではの目線である。

でも日本に定住するか、一定程度長く日本で生活している外国人は、自国と日本の相違点について、観光客のような「表面現象」はあまり口にせず、もう少し「立ち至った」点に目を向ける傾向がある。

ここでは、在日中国人がよく口にする日中相違点の一つを紹介しよう。

「市役所（区役所）」である。

長期滞在の外国人は必ず何らかの事情で市役所と関わるため、たいてい行ったことがある。さまざまな受付窓口が並んでいるが、わかりやすいうえ、すぐ応対してくれる職員もいる。わからずにウロウロしていればフロアにいる案内人が教えてくれる。また行政地区によって違うだろうが、同じ建物内で市長の顔も覗けるかもしれない。会議場には傍聴席があるし、役所内に自動販売機は言うまでもなくコンビニ、レストランまで備えている所もある。さらには講演会や住民向け講座などは常時開催されている。どこまで本当かわからないが、自宅の光熱費節約のために市役所に一日中、居続ける人さえいるとか……。

なんと言ってもこうした公共の場への出入りは自由である。日本人にとっては当たり前の風景だが、中国人にはかなり「驚きと新鮮さ」が入り混じった光景に映る。

日本の「市役所」は中国の「市政府」に相当する。そして中国では〝威厳〟が必要と言わんばかりに、ガードマンではなく、兵士が銃を持って警備に当たり、建物内に入るには身分証明書のチェックが厳しく行われる。政府内部の人間でないと、基本的に構内を自由に歩き回ることはできない。目に見えない高い壁で囲まれていると言えるだろう。政府機能の分散や窓口対応方法が異なり、単純に比較できないが、中国の「市政府」は気軽に行けるとはとても言えない場所なのである。筆者は二十六歳まで中国で生活していたが、「市政府」の出先機関として別のところにあった施設を除いて「政府」には一度も入ったことがなかった。

「市政府」はある意味で「雲の上の存在」である。そして古代の中国でも同様だった。

国から見れば、もっとも下部組織の「長」だが、庶民から見れば地元の行政長官は現在の「市町村」の「長」に当たった。彼らは庶民から親しまれるようにと「父母官」と名付けられていたが、実際には町に出ても「回避」の札を立て、庶民を寄せつけなかった。一方、庶民は訴訟と納税以外で官公庁に行くことはほとんどなかった。納税時には役人の厳しい監視に遭い、訴訟の場合は「長」にも会うが、跪かなければならなかった。そこにあるのは明らかに統治と被統治の関係だった。

前述したが、政府は「官」であり、庶民の遙か向こう側にある。中国人の意識では、自分、自分の家族、宗族（現代では親戚）、自分の仲間などは「内」であり、政府は「外」である。この区別は必ずしも「対立」「衝突」「敵対」を意味しないが、同じ陣営、同じ仲間の立場、同じ利益共同体とはならないのも事実である。

人類が誕生し、やがて私有財産というものが出現した時点で、「公と私」の概念は早くも生まれていたに違いない。しかし中国では「私」の概念が強く、その反対側にある「公」の認識は極めて薄かった。政府＝「官」、政府関連＝「公」だと言えなくもないが、忘れてならないのは「官」の部分に庶民は立ち入ることができなかったのである。

古代中国では流通が未発達のため、庶民の移動は基本的に少なかったし、移動を禁止した時期さえあった。大都市、交通要衝地、商業地には宿泊業や飲食業も盛んだったが、利用者は限られていた。

また「官」、つまり政府主催の各種行事では、庶民はあくまで参加者ではなく、傍観者に近かった。

職住（仕事と住居）が分離していなかった近代以前では、庶民は地元に定着していた。そして祭りや文化交流活動は宗族単位で行われることがほとんどで、「内＝家族」意識が強かった。

一般庶民が自分の土地を離れる場合、たとえばごく少数だが、官吏登用試験の科挙受験のために大都市に出かけても、多くは郷土が出資して設けた「会館」を利用するわけで、「内＝家族」の範囲を出ていないと言えるだろう。

重大事項の決定は無論のこと、議論を重ねての意志疎通が必要なときも、普段の交流のときも、基本的には宗族会議で決めるため、「一族」の範囲からはずれることはなかった。つまり人間としての交際は基本的には宗族間であり、仲間内であった。「公」の場が存在するという意識すらほとんどなかった。

このように中国人は仲間の中で、一族の中で、地域の「私的な輪」の中で生きてきたのであった。「官」と「民」が明確に分断され、宗族の強い影響を受けながら中国の国民性は育まれてきたと言え、その結果、中国人に「公共概念」の希薄さをもたらすことになった。

中国人の公共の場でのマナーの悪さがよく報道されるが、そのいずれもが「公共概念」があまりにも希薄であることに由来するところが大きい。公共の場であろうが、共用空間であろうが、「公共概念」が薄いため、ついつい、いつもと変わらない振る舞いをしがちになる。また赤の他人の目を気にするより、仲間の中で生きている中国人はいつも仲間をいちばん大事にして、仲間を最優先にした気配りをしがちである。

「公共概念」の希薄さは、中国人の寄付という行為にも特徴を見ることができる。

伝統的な中国人の寄付行為とは、決して不特定多数者を対象とはしていない。ある意味では単純明快である。なぜなら中国人は出世したり、経済的に余裕が生まれたりすると、宗族や故郷へ貢献しようと寄付を行うからである。多くの中国人が真っ先にする寄付は、一族の先祖を祭る「祠堂」の修繕や新築に対してである。次に道路の整備、水路の整備、教育施設の建設へと広がっていく。さらに一族内の貧困家庭への支援や災害時の食料提供などにも寄付は行われる。首都や大都市に置かれている郷土の出先機関とも言える「会館」（その地域出身者は無料、ないしは格安で利用可能で、困った時に頼れば支援して貰える）の建設もその地域出身者の寄付による場合がある。

こうして強固な宗族意識の影響から中国人の眼は常に「私」に注がれ、「公」という概念が薄いため、寄付という一つの行為を見ても、日本も含めて諸外国とは大きく異なることがわかる。

ところが最近、中国でたとえば「赤十字協会」「骨髄バンク」「貧困地区小学校建設」「アフリカ難民」「日本の東日本大震災」「難病研究」「宇宙開発」「地球温暖化対策」「大学図書館」「少年サッカーチーム」へといった、身内意識を取り去ったさまざまな寄付も行われるようになってきている。

中国人の意識構造の中に「公」への視線が生まれ始めているのかもしれない。それは言うまでもなく価値観の多様化現象が起こり始めていて、中国にも否応なしにグローバル化の波が押し寄せてきている証明でもあるのだろう。

中国人の伝統的な思考方法に今後、変化がもたらされることになるのだろうか。

最後に蛇足だが、もう一つの現象を紹介したい。

前に述べたように、「官」になるのは中国人の目標である。そして「官」になったら、晴れ舞台も用意されていた。「衣錦還郷」である。つまり高価なあでやかで美しい服を着て、故郷に帰って、凱旋パレードを行うことである（すべての「官」というわけではなく、一定のレベルにならないとこの待遇は受けられない）。

家族重視のため、故郷で知人の前で行わないと、嬉しさも半減してしまう。一方、公共概念が薄いため「公共の場」で行うと、関わりのない人たちからはどうしても「勝手な見せつけ行為」と見なされ、一方通行になってしまいがちである。

でも、これこそ中国人らしいところではないだろうか。

第三節　縦と横

いささか旧聞に属するが、二〇〇八年に「打醤油」（醤油を買う）というごく普通の生活用語が中国での「流行語大賞」に選ばれたことがあった。その理由は？

この二〇〇八年初頭、「陳冠希わいせつ写真流出事件」（「艶照門」事件）が起きて、数多くの女性芸能人を巻き込んで、中華圏メディアと芸能界を騒がせていた。この事件に関して広州テレビ局の記者が一般市民に街頭でコメントを求めたところ、ある市民が「关我屌事，我出来打酱油的！」（俺と関係ねーんだよ！醤油を買いに来ただけだ！）とカメラに向かって発言したことがきっかけだった。

「政治のことに興味がない」「敏感な話題に関心がない」「俺と関係ない」という冷めた姿勢、或いは「何を言っても意味がない」という意思表示が評判となった。

この「冷めた」反応が多くの中国人には羨ましく映り、不満を言っても無駄という嘆きにも共鳴したのだろう。しかし中国人は決して政治やその時々の話題に無関心なのではない。ただし、中国人の「関心ぶり」はかなり独特だと言える。

まず、次の「話」を紹介しよう。

ある人が同僚とレストランで豪華な料理を食べ、大いに飲んで、いざ支払いとなって持ち合わせが足りないことに気づいた。やむなく友人に連絡して、金を届けてもらうことにした。その友人は退役軍人で警官として勤務中だった。彼はパトカーでレストランに駆けつけてくると、部屋に入るや、有無を言わせず、友人とその同僚に手錠をかけて連行して行ってしまった。レストラン側は警察の公務を妨害してはまずいと判断して、未払い金の請求ができなかった。

パトカーの中で連行した友人たちの手錠を外した彼は「実は俺も金がなかったもんだから、こうするしかなかったのさ」と言った。

これはインターネット上に書き込まれた「役人の不正」を揶揄した作り話である。ただ、いかにもありそうだと言える。これには別のバージョンもある。

ある医者が医療トラブルに疲れて、一人でレストランに行き、酒を飲んでいたが財布を忘れたことに気づき、やむなく同僚にメールをして、金を届けてもらうことにした。やがて同僚が白衣を着たまま病院の救急車でやってきた。部屋に入ると、有無を言わせず、点滴の針を挿して、担架に乗せて行ってしまった。その際、食べ残しも全部容器に入れて持ち帰った。そして店にこう告げるのを忘れなかった。「食中毒の可能性があるので、持ち帰って検査する」と。レストラン側は万一、食中毒事件にでもなったら店が閉鎖されると思い、一人として声を上げる者はいなかった。

救急車の中で点滴針を抜きながら、駆けつけた医者が「実は私も金がなかったから、こうするしかなかったのさ。救急車を無断で使ってしまったが、持ち帰った料理を夜勤の人たちの夜食にすれば、誰も文句は言わないだろう」と言った。

これに類した「話」はいくらでもある。

たとえばインフレの進行が早く、物価の上昇はうなぎ上り。民衆の不満が噴出するや、政府はようやく鉄道などの運賃値下げに踏み切った。しかし値下げ幅があまりに少なかった。すると、「長江（五〇〇〇キロメートルを超える中国一長い河）にありがたいことに卵一つが割り入れられた。これで全国民が一斉に「卵スープ」が飲めることになった。めでたい！ありがたい！」という痛烈な皮肉がネット上に現われてくるのである。

こうした「話」は中国の飲み屋での「定番話」でもある。腐敗官僚の「武勇伝」、大金持ちの「庶民ズレした生活ぶり」、特権階級の「暴力団まがいの行為」、冤罪とされた案件の担当役人を殺した事件、不公平な処遇に遭い悲惨な目にあっても泣き寝入りするしかなかなかった人たち等々は大衆の間で拡散し、やがて「拡散」に「誇張」が加えられ、「都市伝説」になる場合もたびたびである。

こうした「定番話」を唾を飛ばす勢いで、テンション高く話している中国人にはその家庭状況、仕事の業種、地位、年収、年齢、経歴などに関係なく、おおよそ次のような傾向が見られる。

① 官僚の腐敗ぶり、社会の不公平などへの不満を明快に訴えながら、実は真っ当な「憎しみ」「恨み」がなく、「真剣さ」もない。

② 不正、悪行を罵りながら、実はそうした行為を実行できる「力」への羨望がある。

③ 常に自分の身に降りかかる可能性があるにもかかわらず、「他人事」どころか、「別世界」のこととして話している。

この三つの特徴は中国人の政治や社会状況に対する姿勢であり、常に部外者の目線で見ているため、この特徴を「傍観者気質」と名付けておく。こうした気質を持つ人は野次馬と共通する点が多く、あくまで部外者として「他者」を眺めている。部外者なので「冷静さ」や「冷徹さ」を持ち、この「傍観行為」「野次馬行為」を楽しんでいる傾向さえある。これらの「重度傍観者」からは、常人には理解しにくい心理が生まれ易くなる。

① 皮肉、風刺から嘲笑へというように、次第に批判の本質から乖離し、「辛辣さ」の追及の行き着くところは自己誇示、自己顕示である。

たとえばエスカレーター保守要員がネジを締め忘れたため、踏み板が突然陥落し、若い母親が子どもは助けたものの、自分は犠牲になってしまった事故が起きたことがあった。すると保守会社の責任の追及や、現場管理責任の追及、類似エスカレーターの緊急点検の実施などより、世間の目は、むしろ欠陥エスカレーターやエレベーターで自分の身をいかに守るかに集中していった。あっという間に「持っている傘で踏み板を叩いてみる」「踏み板を飛び越える」「エスカレーターの手すりに足を乗せて乗降する」といった類の多くの写真がネット上にアップされた。エスカレーターの「品質」を皮肉っているようだが、実は自分の卓抜な発想を自慢しているのである。

② 被害者や不遇者への同情を示しながら、やがて「経済的、社会的な力がないからそうなるので、自分は大丈夫だ」という優越感が増大してくる。

以前起きた「三鹿毒粉ミルク事件」は、多額の利益を得るために有害な材料を混ぜた「粉ミルク」を生産し、幼い命を奪い、多くの赤ちゃんに後遺症が残った。その時、中国人の間では「三鹿粉ミルクは安物、貧乏人が飲む物。貧しい人は可哀想」といった声がいたるところから聞こえてきていた。そして「裕福な」中国人は海外で粉ミルクを買い漁るようになり、やがては高価な海外の粉ミルクを持ち帰れることが自慢材料にもなっていった。

つまり強権による抑圧や社会的な不公平を被ったとき、一致団結して対抗すべきなのに、直接被害が及ばない数多くの中国人は涼しい顔をして「傍観者」に回り、さらには自分よりも立場の弱い人を眺めて、優越感さえ味わってしまうのである。

この「優越感気質」も中国人的思考の一つである。周りの人間と比較しがちで、比較することで「優越性」を見いだし、それを一種の「幸福感」、ないしは「達成感」として享受する。「傍観者気質」と「優越感気質」が鮮明なのは北京を中心とした「空気汚染」への反応である。

① 北京の空気汚染が話題になり始めると、他地域の人たちは「北京の空気の悪さ」で北京の人たちを揶揄した。一方、北京市民は「人間の住むところじゃない」と言いながら、中国の首都というプライドから「揶揄」も意に介さなかった。

② 汚染が深刻化し、食品偽造や衛生問題が重なっても、政府高官や富裕層には関係ない。なぜなら海外から高価だが安全な食べ物を買えばいい。水質汚染が起きても生活用水をすべてミネラルウォーターに切り替えられる。でも空気の汚染はさすがに政府高官や富裕層もお手上げだろう。なぜなら輸入できないし、空気は吸わないわけにいかないので、政府も空気改善に取り組むという待望論が出た。

③ ところが政府高官や富裕層には解決方法があった。彼らは家だけではなく、オフィスまで北京郊外の香山に移転させたという「噂」が巷間では囁かれ始めた。さらに空気汚染が及んでいない遠方地域に家族で移住し、遠距離勤務する高官まで出現。そして「噂」を囁く庶民の声には「呆れる」ではなく、「諦め」「羨望」「感嘆」が込められていった。

④ 汚染が全国的に拡大し始めると、文学ジャンルでも皮肉、揶揄、批判小説が増えた。

⑤ 「洗肺旅行」なるものが流行し、このような旅行ができる人は優越感に浸った。シャネル、ルイヴィトン、グッチ等のブランドもの、さらにはダイヤ入りなど高価なマスクがネット上を賑わせ始めた。

この「優越感気質」が生まれる要因は、中国人の「周囲の人と比べたがる」性癖に由来する。常に周りの人に気を配り、自分と比較しようとする人は「傍観者気質」も持っている。なにやら矛盾していて、理解しにくいのだが、中国人は間違いなく、この二つの「気質」を兼ね備えている。

中国では古代から意識面で「官」と「民」の対立があることはすでに紹介したが、「官」は「上位」、「民」は「下位」という概念はすっかり定着している。

「民」から「官」への道は、科挙試験の受験、合格によって手に入れることができた。しかしかなりの狭き門だった。この関門が突破できたら「勝ち組」になれるが、突破できなければ「負け組」で、「弱い」立場の世界に甘んじるしかなかった。

「下」の世界の人間は「上」世界のことには口出しできなかったし、関与することなどあり得なかった。そのため「上」世界の動静については傍観するしかなく、「上」を変えようなどと

ダイヤ入りの防塵マスク

防塵マスクをして太極拳をする人びと

いった意識は生まれず、「上」からの命令を黙って受け入れるしかなかった。「上」があまりにも暴虐すぎると、「下」からの武装蜂起もなかったわけではないが、歴史的に見れば、そう頻繁に発生することはなかった。

一方、「上」世界でも「下」世界でも、それぞれの世界で家族なり、宗族なり、個々の人間の生活交遊範囲である横のつながりがあった。中国の宗族制度がその基盤だった。

そしてこの「親戚・血縁」に基づいた社会では、人間の力や努力では変えられない「立場」あるいは「枠組み」といったものが存在した。血縁による「長幼秩序」である。父親はいつまでも父親であり、長兄はたとえ無能でも長兄だった。かつて中国ではよくあった現象だが、自分より二十、三十歳も若い「母」の末弟に会うたびに、跪いて叩頭しなければいけないこともあった。

このように「上」の世界には入れず、しかも「下」の世界でも「長幼」序列を越えられない人たちは、結果として「同等」の人間と比べて、少しでも「達成感」「満足感」を得ようとしたのは自然の流れと言えるだろう。つまり中国では古代社会からすでに見えない「縦軸」と「横軸」で社会が構成され、「縦軸」から「傍観者気質」が生まれ、「横軸」から「優越感気質」を生まれたと言えそうである。

第四節　内と外、恥と面子

ある教育研修会を終えたあとの記念写真がある。二〇名弱の参加者による集合写真である。前後二列に立って撮ったなんの変哲もない、穏やかな雰囲気の写真である。しかし後ろに立つ七人の半数以上の人の顔が前の人に遮られ、よくわからないのだ。後列の人たちがなんとか写真にはっきり写ろうと、かなり無理な姿勢を取っていることも伺える。後列の人より多い前列の人たちは、誰もが背筋を伸ばして、余裕たっぷりに笑顔を浮かべている。これらの人の中には顔のそばで「V字」サインを作っている人が複数いて、後ろの人の顔を遮ってしまっているのだが、まったく気にしていない。

中国では集合写真を撮影するとき、日本のように前の人が後ろの人に気を遣って姿勢を低くする者は確実に少ない。自分のポーズを作るのに忙しく、後ろの人への配慮はほとんどなされない。

こうした現象は中国人の配慮が足りないのではなく、配慮する余裕がないと言った方が的確だろう。なぜなら配慮などすれば、後列の人からすぐに押し込まれ、はじき飛ばされてしまうからである。

中国の社会も中国人の人生も、この集合写真と同様と言える。

前述したように、中国の古代社会では「官」になることが最大の出世だと考えられていた。そして一人の「民」が「官」になったとたん、官は民とは対立する関係になる。出世して「官」になることは「勝ち組」になっただけでなく、「別陣営」に入ったことを意味した。

中国人の「公共意識が希薄」で、「傍観者気質」が濃いという国民性から「別世界」に入ってしまった相手は、一般の民からすると、もはや「自分」の日常から遠く離れた、「非日常」の存在になってしまうのである。

また中国は個人重視の社会でもあるため、多くの中国人は自己目線で社会を見ようとするのが常である。そのため「別世界」に入ってしまった出世者は自分の世界の人間ではなくなったため「見なくてよい」存在になる。

一方、自分の世界を見渡すと、自分の社会基盤となっている一つ一つの家庭が見えてくることになる。この世界には生まれ落ちたときから「長幼秩序、血縁尊重」の枠が存在し、それは守られなければならず、強い仲間意識によっても結ばれているのである。

しかし人間は社会の中で生きるため、親族以外の人びとや「別世界」の人間ではないけれども、赤の他人とのつき合いも当然生まれてくる。

こうしたつき合いを通して人間は密かにあることを成し遂げた達成感を求め、他人への自己顕示欲も生まれてくることになる。

中国人独特の「面子」観はこのような過程の中で醸成されていくことになる。日本でもこの「面子」という言葉は使われる。ただ中国の「面子」は日本のそれより複雑で、説明しにくい。

人間はどんな場合に大きく恥ずかしいと感じるのだろうか。

一人の女性が外出先で強い尿意に襲われ、我慢の限界に達しているのだが、近くにトイレがない場合、選択肢は二つしかない。

① 人の目に触れる恐れがあるが用を足す。もちろんできるだけ人に見られないよう木の下や草叢を選ぶ。

② 我慢をしてトイレを探す。人に見られる可能性があれば、やはり用は足せない。

いずれを選択するかはその場の判断によるが、「用を足す」「足さない」にさらにいくつかの条件を加えて考えてみたい。

①もし見知らぬ土地なら。
②もし自分が住んでいる近辺なら。
③もしボーイフレンドが一緒なら。
④もし親しい同僚や女性の友人が一緒なら。

これはあくまで筆者の設問に筆者自身が回答するものだが、中国人のある程度の思考傾向は次のようになるのではないだろうか。

①不案内な土地なら「用を足す」人が多い。
②自分の生活地域なら「用を足さない」人が多い。
③恋人の前なら「用を足さない」人が多い。
④親しい同性の前なら「用を足す」人が多い。

中国人の「恥」に対する意識を知る手がかりとして、このような設問を設けてみたのだが、なぜ中国人ならこのような傾向を示すと筆者は予想するのか。

「公共意識希薄」な中国人は、赤の他人の前で「恥」をかいても、それほど気にしないだろう。なぜなら自分のことをまったく知らない「他人」だから、見られても一瞬の恥ですむからである。しかし自分が生活している地域では知人に見られる恐れがあり、見られたらその恥は永遠に記憶に残るし、おそらく「噂」が地域内で拡散するだろう。そうなると知人たちの前で顔を上げられない。つまり「実被害」より「面子」を重視するのである。

それでは、恋人の前では「用を足さない」のに、親しい友人の前ではなぜ「用を足せる」のか。これには中国人の人間関係での「親疎感」認識が関わってくる。この「親疎感」は、大きく「他人」「知人」「親戚・親戚のような友人」の三つに分けることができる。「他人」とは、たとえ恥をかいても、さほど気にしなくてもよいグループである。そのような場では中国人の「公共意識」の希薄さを生じさせることになる。一方、「親戚・友人」グループは自分が生きている基盤そのもので、同じ利害関係を共有し、家族同然でリラックスできる。そのため〝恥や秘密、場合によっては罪まで〟を共有することで、その絆はさらに強められていく。

すでに述べてきているように、中国は「家族型」社会である。血縁によって結ばれている「家族」の関係は、父子、夫婦、兄弟姉妹のように「既得」であり「固定」されている。この「秩序」の中では、個人の沽券に関わる事柄は減少し、親戚同然ともなれば「恥や面子」への重視度は低下してしまう。こうして中国人は、親戚同然でもなく、赤の「他人」でもない「知人」グループを前にすると、「恥をかいてはいけない」と神経を尖らせることになり、面子をもっとも重視することになる。ここでの面子こそ、自分の人間としての「価値」が決定されると考えるのである。

「恥」の対極にあるのが「誉」「名誉」「栄誉」「誇」などだろう。中国では「名誉」などを得た結果を「有面子《ヨウミエンツ》」と言う。「面子がある」「面子が立つ」の意味である。

中国人は時代を超えて長い間、「面子」を重視してきた。家族、宗族に「名誉」をもたらすことを「孝」と考え、それが「面子」重視のきっかけになったのではないかと思われる。そして「名誉」→「面子」だったものが、いつしか「面子」→「名誉」に変わり、魯迅の小説「阿Q正伝」に描かれたように、「面子」は自己満足、自己顕示の源泉ともなるのである。

この「面子」は平等な人間関係に「上・下」の差をつけ、さらにその「優位」を利用して、さまざまな便宜が図られるようになった。そのため中国には伝統的に「人間は平等」という概念は希薄で（最近、その意識が芽生え始めたが、まだまだの観がある）、むしろ中国人の多くが自分と周囲の人間に「高・低」「上・下」の差をつけようとする。そしてその差をつける最大の基準が「面子」にほかならない。しかも中国人は「面子」を利用して、常に自分に利あるように図ろうとする。

たとえて言えば、中国人にとって「面子」は銀行貯金のようなもので、自分の努力次第で貯金額は増減し、蓄えたまま、その金額を眺めて自己満足もできるし、必要なときに取り出して使うこともできる。

中国人は交際する相手の一人一人の面子のレベルを互いによく把握しているし、初対面の人には相手の面子レベルを探りながら自分の取るべき態度を決めていく。こうしたつき合い方はごく当たり前のことで、中国人は「面子ゲーム」の中で生きていると言っても過言ではない。

それでは「面子」のレベル、「面子」の多寡、高低を決める要素は何であろうか。「面子」を決める要素は多岐にわたり、生活のあらゆる面が関わってくる。普段の服装、持ち物（小物類から車、家までも）から、大きく言えば、

① 社会的な地位。「官」になることを筆頭に社会的な成功度。
② 富の多寡。
③ 名誉。

この三要素である。しかしこの三要素は一般庶民にとってはかなり縁遠い。そこで庶民が「面子」を測り、「面子」を作るのにもっともよく使う要素は、字義通りで「顔が広い」そのこ

とである。つまり交友範囲の広さ、知人の多寡である。

こうして中国人には、ある行動パターンが生まれることになった。他人との交際では可能な限り「関係」を近づかせようとし、「仲間に取り込む」意識を非常に強く持つのである。「他人」は「知人」へ、「知人」は「親戚・親戚に近い友人」へというように。

中国人の職場に行くと、「部長」「課長」と呼ぶより、「哥」(「兄さん」)、「姐」(「姉さん」)、「老」(「お爺さん」)と呼ぶことが珍しくない。職場にもかかわらず、より近い人間関係を築こうという意識の現れだと言える。

「面子」を重視する中国人は「面子」が損なわれると「恨み」を抱くことになる。それだけに中国人とつき合うときは、「面子」こそ「最優先」に考慮されなければならないことになる。

第五節　人情と民主

目覚まし時計機能付きの家内の携帯電話の着信音で夜中、何回も睡眠が中断されている。マナーモードに切り替えているが、静寂な夜に耳の近くに置かれた携帯の「ドォル〜、ドォル〜」と震える音はやけにうるさく感じる。しかもその音は、ほぼ毎日、深夜十二時前後に鳴り出すのである。

「仕方がない」という表情を見せる家内の説明によると、中国人の友人グループの「ＬＩＮＥ」に新しい書き込みが入ると、通知の着信音が鳴るのだそうだ。

大事な故郷の友人たちとの付き合いなので仕方ないとは思うのだが、やはり腑に落ちない。何故そんなに通知音が多く鳴るのだろうか。

家内によると、最初の書き込みは個人の趣味や旅行など個人的な呟きがほとんどだったのに、最近は「選挙、投票運動の呼びかけ」に変わったという。

たとえばある地域で「美少女グランプリコンテスト」を開催すると、エントリーした人たちの動画がネット上に公開され、ネット投票で勝者を決める方法が取られる。一方、エントリーした子どもの親たちは自分の子を優勝させようと、コネを総動員して自分の子への投票を呼びかける。この呼びかけはすべて「ＬＩＮＥ」への書き込みで行われる。依頼された人たちは「依頼通り投票した」とたいていは依頼主に一報を入れるために、「ＬＩＮＥ」に書き込まれる。

こうして携帯電話がうるさく鳴るというわけである。

最近、中国で流行っている、この類の「ネット選挙」は日本のＡＫＢ48総選挙に似ているが、ＡＫＢ48総選挙はＣＤ購入が投票参加への条件となる。つまりお金で投票権を買うわけである。中国の「ネット選挙」では、お金もあるが、コネで勝負する方がむしろ多い。面子やコネを重視する中国ならではの「中国式選挙」と言えるだろう。

最近「中国ネット選挙を利用して個人情報を取得し、悪用するケースが増えた」というニュースを目にして興味を覚え、「ネット選挙」の実態を覗いてみた。

このような「ネット選挙」は実に多種多彩で、「彫刻大賞」「美声大賞」「最も愛すべき清掃者大賞」「最優秀教師大賞」「一番格好よい警官大賞」等々、その数の多さに驚いたのだが、それがまだまだ驚きに値しないことがわかった。

日本のＡＫＢ48総選挙のような単なるビジネスショーであれば、

① 誰もがビジネスショーだと理解しており、その結果はそのビジネス、たとえばセンター取りなどにしか使われず、流用はない。

② ＡＫＢ48総選挙は最終的には金の多寡がものをいう。ただしファンに支えられているビジネスで、金がファンの本気度の表れだとも言える。少なくともファンが当事者として参加することに違和感はないはずである。

しかし中国のＬＩＮＥ投票選挙の実態を見ると、ＡＫＢ48総選挙などとは明らかに質を異にしている。

たとえば次のようなネット投票選挙があった。

ある市で最優秀校長（中学校）選挙を実施した。参加する校長の個人プロフィールや業績、抱負を語る個人スピーチなどがネット上で公開され、市民の自由投票を促した。そのほか教師の授業の様子をネット上で公開し、「あなたがいちばん好きな先生」を選ぶ市民の自由投票なども行われた。

このような「選挙」への市民の投票率や投票者総数は主催者側の公表が基本的にないため、不明なのが一般的である。しかし内情を知る者から聞いたところでは、こうした選挙は次のような「異様」な一面を持っているようである。

① 立候補者はＬＩＮＥなどを通じて、グループ内の知人に自分への投票を呼びかける。さらに「投票を依頼した相手が持つ別のＬＩＮＥグループへの転載」を依頼する。つまり知人から知人へ、自分のコネから複数の知人のコネまで利用して連鎖と拡散を狙う。

② 依頼を受けた知人はよほど忙しくない限り、ほぼ一様に自分のネットワークに発信する。なぜ積極的なのかと言えば、いずれ自分も依頼をするかもしれず、お互い様と考えている。依頼された連鎖、拡散も行い、依頼者である立候補者への「投票済み」「転送済み」の返信も忘れてはならない。今後の重要なコネ作りに繋がるからである。

こうして家内の携帯電話にはひっきりなしに連絡が入ってくるというわけである。そして深夜、寝る前がいちばん自由時間となり、自分のコネ作りに精を出すことになるのである。

こうした人たちには大きな特徴がある。それはいちばん大切なのはコネ作りで、優勝者が誰であろうと、まったく関心がないし、責任も持たない。そのため依頼された立候補者に関わるネット情報などには目を通すこともなく投票してしまう。どのような選挙なのかも知らないまま投票することも稀ではない。

つまり選挙の結果はあまり信頼に足るものではないと言えるだろう。

③　だがそれにもかかわらず、優勝者はこの栄冠を昇進、昇給にかかわる審査等では、堂々たる業績として挙げるのである。コネが利益に直接つながるわけで、これこそ会社型社会が規則やルールを重視するのに対して、家族型社会が人情、コネ、面子を重視する典型的な例と言えるだろう。

そして何よりも問題なのは、これらの「選挙」を民主制の象徴、啓蒙だと喧伝するメディアが中国に存在することだ。

民主主義は確かに「多数決」が原則だが、「公正、公平、平等」を欠けば、「多数の暴力」でしかない。加えて「一票」に対する責任を負わなければ、民主はただの「遊び道具」でしかない。「責任」の話になると、中国人の「公共意識の薄さ」や「傍観者気質」などもかかわってくる。

インターネット上の一つジョークを見てみよう。

「ある日、町で一人の老女と中国南海（東南アジア諸国と領土紛争がある地域）の情勢に話が及んだ。

老女は強い口調で「南海は我が国のものでないとダメだよ。そうじゃないと観音菩薩はどこに住むのさ？（中国の信仰では観音菩薩の住居は南海にある）東海も我が国のものでないとダメだよ。そうじゃないと竜王はどこに住むのさ？（中国の神話では竜王の住居は東海にある）」とまくしたてた。

私は老女の話には一理あると思った。ちなみに月も我が国のものでないとダメだ。そうじゃないと嫦娥はどこに住むのか？（中国の神話では嫦娥は不老長寿の薬を盗んで飲み、月に飛んでいき、不老長寿を手に入れたが人間社会に戻れず月に長居している）

老女はさらに「南海領土紛争では、いつも外国と協議しているけれど、協議の必要なんてないよ。戦争よ。戦争するのよ。確かに戦争にはお金がいるけれど、中国には一四億人もいるじゃないか。一人一〇元（約一五円）出せば、一四〇億元になるじゃないか。まず一人一〇元の戦争をやろう。もし足りなければ、一人一〇〇元の戦争をやればいい。敵をやっつけてしまえ。中国人は麻雀をやる時、一日一〇〇元ぐらいは使っているじゃないか」と言った。

これはあくまでもジョークでしかない。しかし本当に戦争が起きたら、このジョークの作り手や老女は千元でも、一万元でも私財を投じるのだろうか。本当に自分の息子を戦場に送り出すのだろうかとつい思ってしまう。

このジョークはすべて「自分の枠」の「外」の話であり、「自分」からは遠い存在の話として仕組まれている。だからこそ気軽に冗談話が作れるし、笑いを誘うために、いや自分のジョークが素晴らしいと自慢するためにいくらでも無責任な話をでっち上げることができるのである。

ちなみにこの類のジョークは中国のウェブ上には氾濫している。もしこのような状況で、中国で「南海で戦争を起こすべきか」という全国民投票を実施したら、結果はどうなるだろうか。考えただけでも恐ろしくなる。

中国には民主主義制度が根づいていないと批判され続けて久しい。真の民主化に向けて、一党専制政治の修正、法の整備、民主インフラの整備等々が唱えられているが、しかしそこに至る道筋はまだまだ遥かに遠いと言わざるをえない。なぜなら血縁重視の家族型社会特有の人情、面子といった意識の打破こそが先決条件になるからである。

第六節　中国式平等概念

筆者の子供が通っている日本の高校は携帯電話の持ち込みを禁止していて、違反者は二週間の携帯電話取上げ処分になる。しかし今時の高校生にとって、携帯電話は「必須品」であり、違反者が続出しているようだ。そのため携帯電話の話題はたびたび我が家の食卓を盛り上げることになる。

「緊急地震速報のとき、いちばん面白い、着信音が教室中に鳴り渡るんだ」

「全員の携帯を取上げるのに、先生も苦労しそうね」

「先生はそうしなかった。ただ気をつけろよと言って、そのまま授業を続けた」

「皆が違反者なら仕方ないわね。個別のときはやはりルール通り取上げるんでしょうけれど」

妻は合点したように言った。

「そうでもない。先生によって違うよ。厳しい先生もいるし、優しい先生もいる。だってこの前、一人の携帯が鳴ったとき、先生は着信メロディのセンスが悪いとだけ言って、没収しなかった」

「そうだと、その先生、なめられるのではないの? これからはその先生の授業では皆が携帯をいじるのではないの?」

「そんなことはないよ。そうなったらしっかり没収すればいいんだもの。むしろ優しい先生に皆が感謝するから、その先生の授業ではおとなしくするよ」

「ちょっと待って」妻は子供の話を遮った。しかも妻が次に何を言いたいかも筆者にはわかっていた。

「たとえば昨日、ある生徒の携帯を没収しなかった先生が今日はあなたの携帯を没収したら、あなたは文句言わないの?」

「言わないよ。だって自分が違反したんだから」

「でも同じルール違反なのに、その先生は違う処置を取ったのでしょう? それでも文句は言わないの? それについてあなたはどう思うの?」

「文句は言わないよ。運が悪かったと思うだけだよ」

妻と顔を見合わせた筆者は、中国なら間違いなくクレームがつく。正々堂々とクレームをつける人が多いはずだ。「なぜ向うとこっちで処分差があるのか。なぜこちらだけに厳しいのか」と。これこそ中国式平等概念だからである。

「人権の平等」や「法律上の平等」などは、理屈的には中国人も賛成し、言論上も支持する。しかし自分自身の日常生活に及ぶと、「平等概念」が一変してしまう人は意外に多い。その変化は「社会的基準」を前提とした絶対平等から、他者との比較による「相対」平等を主張するようになるからである。

たとえば「中国人は列に割り込む」といったマナーの悪さはよく指摘されるのだが、皆がきちんと並ぶなら大多数の人も列に割込まないだろう。一人だけが割込んで誰かが注意すれば、やはり多くの中国人は並ぶだろう。しかし一人目の割込みを注意せず、二人目以降に注意すると、おそらく文句が出る。これが典型的な中国人の「相対平等概念」現象である。

この「相対平等概念」は少なくとも三つの側面を持つ。

① 常に他人と比較しようとする心理。

もともと「周囲から他者と差別されることを気にしてそれを恐れる」のは、劣等感を持つ人間の心理だと言われる。しかしこれに「相対平等概念」が加わると、むしろ一種の普遍的心理になる。差別されないようにと常に他者の待遇を「基準」として注視し続けるのである。こうしていつしか比較する心理が生まれ、行動に移す。そのため、中国人は周囲の家庭と比較するのを好み、あらゆる面で比べていくことになる。

自宅の広さは同僚に劣らないか。

子供の成績は隣人、知人の子供とどうか。

子供の通う学校のレベルはどうか。

子供の習い事の多寡、その成績はどうか。

服やカバン、携帯電話の型、車のグレードなどはどうか。

結婚式、葬式の豪華さ、動員できる人数、出された料理の内容と品数はどうか。

週末のレジャーや旅行の頻度、行く場所はどうか。

学生や生徒なら、新年に受け取った年賀状の枚数は。

勤めている会社の知名度、厚生福利の充実度は。

給料、ボーナスの多寡も当然比べる対象となる。

そしてこのような「比較」する行為そのものが焦燥の元凶となっていく。自分の方が劣っていれば、その焦燥感は増幅するばかりである。最近、中国では「この国は焦燥地獄に落ちている」と喚く声がよく聞こえてくるようになっているが、まさにこの「平等概念」が大きな要因の一つであることは間違いない。

ところがこの比べる行為によって自分の優越感を楽しむ人も少なくないのである。他人より少しでも「優れている」という「発見」から優越感に浸り、それが自信や生き甲斐につながる心理状態は、中国の近代文学の創始者と評されている魯迅《ろじん》が「阿Q正伝」という小説で〝精神勝利法〟として批判した中国固有の国民性である。悲しいことに、百年近く経った今でも何も変わっていないのである。

② クレーマーを生む土壌を作り、不満だらけの社会を形成しがちとなる。

中国には「天外有天、人外有人」（天の外に天あり、人の外に人あり）という諺がある。世の中には優れた人がたくさんいるという意味で使われ、「井の中の蛙、大海を知らず」と同じような意味である。

あらゆる面で常に他者より抜きん出ようとすることなど、そもそも現実的な話ではない。他人との差を糧にして頑張っていけばよいのに、これが「相対平等意識」と絡むとんでもないことにもなりかねない。他者ばかり見て自分を見つめないため、次第に「反省」能力、つまり失敗や力不足などの原因を自分に求める思考を喪失してしまうのである。そして他者に及ばない、他者より劣る「原因」を「不当差別」「不平等」に帰してしまい、当然のように不平、不満、愚痴、クレームが絶えなくなるのである。

中華人民共和国建国後に生まれた農業生産合作社、それを引き継いで一九五八年から組織された「人民公社」では、誰もが平等な給与報酬制度が実施され、それは四十年程前まで続いていた。しかしこのシステムは労働意欲、生産効率を大きく阻害したため、文化大革命収束後に鄧小平は改革開放路線政策を進めた。その結果、同僚間でも収入差が生じるという現実が襲ってきたのである。

収入が低く抑えられた社員は、なぜ差がついたのかという原因をみずからに求めるのではなく、「同一労働条件にもかかわらず、なぜ自分の給与が低いのか」と社長にねじ込む現象がそこかしこで起きたことは記憶に新しい。他人との俸給差を気にするあまり、相手に俸給額を訊く人が増え始め、いつしかそれが社会常識としてタブーでなくなってしまっていったのである。

このように他人との比較にエネルギーを費やし始めると、いつしか自分を見失っていくことにもなりかねず、ついには真にやるべきことが何かをも忘れてしまう危険性を孕むようになってしまったのである。

③「相対」平等意識の重視は「絶対」の基準を軽視しがちになり、やがて忘れ去ってしまう恐れがある。

ある中国の小学校では、学校の経費節減のため、子どもの宿題や部活、イベントの資料などの印刷を親に任せるようになった。任せられた親はどうするのか。

私営企業に勤務している者は、コピー機を自宅に備えていない限り、コピー代を支払ってコピーするしかない。ところが国営企業勤務者ならば、会社のコピー機を使って会社負担にしてしまう。小学校もむしろそうする親が多くいることを承知しているらしいというのである。

中国では一人でもこうした人間が現れれば、二人目、三人目と間違いなく後続は絶えないことになる。なぜならこれまで述べてきたように、それが「平等」だからである。他者がその「恩恵」を独占する事態は、決して容認できないのである。なぜなら自分が「損」をすることになるからである。

だからこそ他者にはできないことを自分だけが果敢にやって、自分の優越感を楽しみ、誇示する人も少なくない。これは列に割込み、会社の資材を個人流用するなどの「行為」を初めて行った人のみが味わえる優越感となる。しかし率先的にやった人の行為は、すぐさま他者の「平等基準」になってしまうのである。まさに連鎖、拡散現象である。

恐ろしいことは、こうして自分がやったことが社会的に正しいのか、許容されることなのかを考えなくなってしまうことだろう。

中国人の日常生活ではこのような「平等意識」が共有されていると言っていいのだが、法律や規則、規制を前にしても同様の思考方法が次第に浸透していってしまうのである。中国人の法制概念が希薄なのには歴史的な要因も否定できないが、この「相対平等概念」にもその一因を求めることができるだろう。

「相対平等概念」を重視するあまり、真の平等概念が忘れ去られてしまっていることは、家族型中国社会の将来になんとも憂鬱な影となって覆いかぶさっている。

第七節　集団忍耐力

個人重視の社会では、集団利益のためには、時として個人的な犠牲を強いられることにもなる。そのため集団としてまとまるには会社型社会より困難を伴うかもしれない。個人、あるいは私的グループに対して不公平が出れば、それだけでかなりの反発が強くなることが予想されるからである。

それでは集団の全員に同じ利益を与えたら、あるいは逆に集団の全員に同じ不公平な事柄を強制させたら、どうなるだろうか。

「全員に同じ利益」について言えば、中国人の反応は比較的単純である。つまり「全員に同じ」なので「全員に何もしない」ことに等しく、衝撃度は弱い。

旅行や出張帰りに土産を買って、友人や同僚に渡す習慣は中国にもある。しかし日本のように一箱のお菓子を買ってきて、皆に食べてもらうようなことはまずしない。あまりにも義理的な行為と映り、意味がないと思われるからである。同じ思考パターンなのだろうが、中国のバレンタインデーでは義理チョコはまったく流行らない。

中国人による日本での爆買いが一時期、話題になったが、購入している物を見ると、菓子類はまったく人気がない。それに代わって目薬、歯ブラシ、爪切り、龍角散、マイコップなどの小物が意外と人気である。もちろんほとんどが土産用である。土産なので同じ品物を大量に購入する場合もある。ただ日本人と異なるのは、たとえ同じ品物を同僚に渡そうとするときにも全員にいちどきに渡すことはしない。渡すタイミングをずらして、「全員に同じもの」という印象を与えないように工夫するのが一般的である。

そもそも中国人は個別的なプレゼントは当然だが、土産などでも相手の社会的、組織的な地位や身分を考えて「分相応」の品物を、ということを念頭に置いて土産を選ぶケースが多い。

それでは、誰もが同じ不利益を被る場合、中国人の反応はどうだろうか。

二〇一五年、中国で連続してエスカレーター事故が発生したが、この一連の事故が格好の参考となるだろう。

① 武漢事故　七月二十六日。

i　上りエスカレーターが昇り切った床に固定されてある金属パネルが緩んでいるの

を、ショッピングモールの従業員が発見した。事故五分前だった。

ii　従業員はすぐマネージャーに連絡したらしいが、マネージャーが的確な指示を出したかどうか不明。どうすればよいかと多少迷いを見せながら、パネルの不具合を発見した二人のスタッフはパネルの傍で見張ることにした。

iii　やがて子連れの女性がエスカレーターに乗って上ってきた。

iv　スタッフは子連れの女性に「パネルがおかしい」と警告を出したが、もう大分上ったので戻れないと判断したか、女性は乗り続けることにし、子を抱き上げて緊急事に備えた。

v　女性がパネルを踏むやパネルが崩落。女性は体勢を崩しながら子どもを前に投げ出した。子どもはスタッフに救助されたが、女性は這い上がれず落下して死亡。

事故原因はメンテナンス時にパネルのネジの締め忘れで、それはすぐ公表された。監視カメラの映像がインターネット上に流れ、日本を含む国外にまで拡散し、大きな反響を呼んだ。視聴者からは、マネージャーが速やかにエスカレーターを停止させているか、スタッフが上ではなく、下で客を止めていれば事故は防げた等々の意見が寄せられているなかで、

②　広西事故　七月二十七日。

子どもがショッピングモールのエスカレーターに手を巻き込まれ、左腕が一部切断され

た。

③　上海事故　八月一日。

ショッピングモールの清掃員男性が事故①と同じく固定パネルの上に立って、運転中のエスカレーターをモップで掃除中、パネルが突然崩壊し片足を切断。

その後に明らかになったのだが、中国全国の統計では八月二日までの僅か二十日間にエスカレーター事故で六人が死亡したというのである。不注意だけではすまされない事故の頻発で、各テレビ局がいくつかの特番を組んだほどだった。

しかしどのテレビ局も「メンテナンス会社への立ち入り調査」「ショッピングモールでの現場検証及び管理調査」「同じ型番のエスカレーターの総点検」など、日本なら当たり前の報道はまったくなかった。こうした報道姿勢に疑問を感じていると、あるテレビ局の司会者が「私も何回かエレベーター事故に遭ったことがあります。エレベーターの扉が開いたら、床が胸あたりにあったんです。私はすばやく這い出して無事でした。中国で生活しているかぎり、こうした状況に順応するしかないですね」と言ったのである。なんという無責任な言い方なのか。このような状況に直面したら諦めようと自分の番組を通じて全国民に呼びかけているのかと思ったほどだった。

しかし現実は間違いなく、この司会者の言う通りになった。

「エスカレーターやエレベーター事故が頻発する」と、製造、管理、メンテンナンス会社の責任追及がない。それに代わって「エスカレーターやエレベーター使用時の安全保身方法」に関心が向いてしまうのである。

「毒粉ミルク事件が発生する」と、関係業者などの取り締まり強化の訴えがない。それに代わって「コネを使って海外の粉ミルクを独自のルートで入手する方法」に関心が向いてしまうのである。

「毒豚肉、毒スイカ、毒塩卵が出回っている」と、監督、管理、逮捕、処罰などの手段を講ずる政府への要望がない。それに代わって「毒食品鑑定秘訣」が作られ、人気パンフレットとなってしまうのである。

「空気の汚染が酷く、もはや外出さえもできない状態になる」と、官民一体で改善を図り、各人がやるべきことを考えない。それに代わって営業用毒ガスマスクがファッションにもなりそうな勢いで売れてしまうのである。

公共意識が希薄なために、一人一人の自覚的な努力で社会を変えられるという意識が欠如している。

「官」「民」の対立で、政府に対する不信感が募り、政府の確実な調査、解決への努力など期待できず、自分で自分を守るだけという思考が蔓延している。

常に「自分」を中心に思考することから、たとえ他人事ではない事故でさえも自分には及ばないと安易に受けとめている。

今回のエスカレーター事故で何より怒りを覚えたのは、次の二枚の写真を見たときだった。

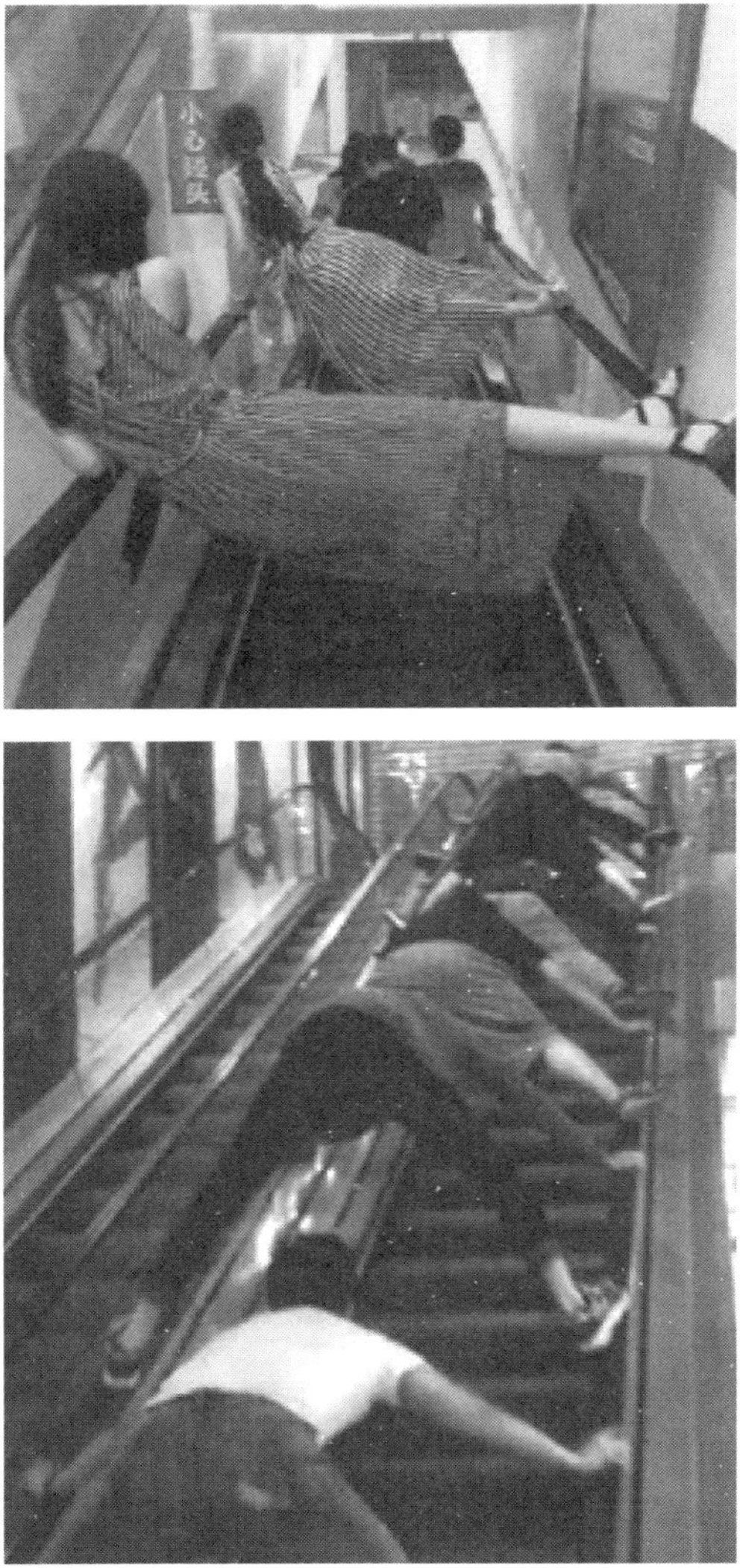

（ネット写真より、撮影者不明）

これが中国人の自己保全意識なのだろうか。政府やエスカレーター会社に対する無言の抗議と言えば、聞こえはいいが、それにしてもいかにもふざけているようにしか見えない。

死者まで出たにもかかわらず、遊び気分のパフォーマンスとはどういうつもりなのだろうか。実はこうしたパフォーマンス、中国の「集団忍耐力」という国民性の表れにほかならない。

中国人は自分自身の個人的な不満、不平にはほとんど忍耐力がなく、即座に反発、反抗的な行動をとる。一方、不特定多数、自分が加わっている集団に不条理なことが起きても、全員が「平等」に不条理を受けるので、異常なほどの忍耐力を発揮し、反発や反抗的な行動を取らない。たとえば人気チケットを購入するため並んでいるところに割り込む人がいれば、多くの人が注意するだろう。しかし何らかの理由で販売が早めに打ち切られたら、並んでいる人が全員買えない「平等性」から不満を言う人は少ないはずである。

今回のように、たとえエスカレーターは身近な乗り物であっても、事故の確率から言えば、自分が事故に巻き込まれる可能性は極めて低く、しかも誰もが利用するエスカレーターであるため、強い反発が出ない。こうして遊び気分のパフォーマンの出現となるのである。

たとえ大気汚染であろうと、食品安全の危機であろうと、自分の生活に密着した深刻な問題であろうと、「平等意識」の「おかげ」で、強靭な忍耐力を発揮させることができるのである。

しかしこの国民性から、真の原因究明、状況改善努力より「エスカレーターが危険なら、まぁ私は階段を利用すればいい」という一時しのぎの、目先の「対策」に走ってしまいがちとなる。

ある中国のお笑い芸人のセリフ。「最近北京の空気汚染指数は連日レッドゾーンを突破している。どうしましょうか?」「政府は市民の忍耐力指数を引き上げてくれたのさ」

笑いを取るためのセリフだが、正直言って笑えない。

中国式の平等概念は中国人の「集団忍耐力」を育ててきたのである。

第八節　家庭内ソフト暴力と善意暴力

日本は「会社型社会」、中国は「家族型社会」と指摘してきたが、家庭や家族という単位でも日中両国の違いは大きいのだろうか?身近な事例から考えてみることにする。

事例①

ある在日中国人家庭で子どもが車の免許取得を望んだ。しかし、本人は免許取得に関わる費用を捻出できないため、両親は知り合いの日本人の「経験」を参考に子どもに「貸す」ことにした。就職後に返済という借用書まで子どもに書かせたという。さすが日本は「契約社会」である。

ところが中国の両親がこの件を知るや、即座に強い口調で「自分の子に金を貸すなんて、世間の物笑いの種になるから、こっちで出す」と言ったそうである。

親孝行を重視する中国だけに、在日夫婦は両親の「命令」に逆らえず、その贈与を受け取ることにしたそうである。

在日中国人家庭の子どもは中国に帰りたがらない（一時的な親族訪問でも）者が多い。理由は「言葉がわからない」「友達がいない」「汚い」「合わない」とさまざまである。筆者の子ども二人は「国に帰る」ことにそれほど抵抗感はないようである。「おいしい食べ物が食べられるから」などと言うが、本音はどうやら「多くの親戚からそれぞれ小遣いやお年玉がもらえる」ということらしい。ただし子どもたちは帰るたびに必ず一つの注文を出す。「食事の時、いつも取り分け皿にたくさんの料理を入れてくれるけれど、〝それだけはやめて〟とお爺ちゃんとお婆ちゃんに言って欲しい」と。確かに中国人年配者は取り分け皿に料理を取ってあげる習慣がある。そして日本人は料理を残すことに強い抵抗感があり、たくさんの料理を食べきれず、困り果てている姿を何回か目撃したことがある。

「金も出すが口も出す」というわけではない。免許取得費用の件でも、料理を取ってくれる件でも、中国の祖父母はあくまで孫への愛情が深く、「善意」で行動していると言える。ただし、その善意が相手には大きな負担になる場合もあるというわけである。

事例②

ある中国人女性が不可解な顔をしながら話してくれたことである。

彼女は中国語教師として来日し、その後日本人と結婚した。結婚後は夫の両親とは同居せず、多くの日本人家庭のように独立生活を送ることにした。

ところが彼女は結婚後、両親との付き合い方が淡白すぎると思い始めた。なぜなら夫の両親はあまり自分の家に来ないし、来ても長く滞在しようとしないばかりか、たいてい食事もしないまま帰ってしまうからである。これは中国では考えられないことであった。中国でこのような状況になったら、嫁と姑の仲が悪いか、嫁が冷たいと見られる可能性が強く、自分もそう見られているのではないかと悩んでいた。やがて子どもが生まれた。夫の両親も孫が大好きで、よく可愛がってくれた。でも相変わらず、あまり自宅に訪ねて来ないし、来ても食事をせずに帰ってしまう。

子どもが成長して保育園の運動会の時には、彼女は姑と「よい関係」を築く良いチャンスだと思い、夫の両親を運動会に強く誘った。両親も快く承諾したのだが、後日、夫の母親から電話があった。電話に出た夫から「おふくろたちは運動会のためにホテルを予約したそうだ」と聞かされた。

それを聞いた彼女は驚いて「冗談言わないで。なぜ我が家に泊まらないの？空いている部屋だってあるし。なぜホテルなんかに泊まるの？」と言った。

この彼女の言葉は、大多数の中国人にとって至極、当然のことだろう。

その後、彼女の猛烈な説得で夫の両親は息子夫婦の家に泊まることになった。「でもね、なんか違うのよ。両親はすごく遠慮していて、あまり喋らないし、物にもできるだけ触らないようにしているの。最初にトイレに行く時なんか、わざわざ私にトイレを使っていいかって聞くの。全然、家族らしくない。なんでもっと親しくしないの？」と納得できない様子だった。

日本人には夫の両親の振舞いは理解できるだろう。そして中国人の親たちならどう行動するのか、と興味を持つに違いない。

似ている話がある。

日本人家庭の奥さんと中国人家庭の奥さんが雑談中、中国人家庭の奥さんが訊いた。「あなたの家では一カ月で何回、ご主人の両親の家に行くの？」と。

すると日本人家庭の奥さんは「別に決まっていないわよ。行きたい時に行く程度ね」

「羨ましいわ。うちはね、週一回帰らないと、姑が怒るの。なんか面倒くさい」と中国人家庭の奥さんが言ったという。

事例③

これは中国でも極めて稀で異常な、中国人でさえも眉を顰める事例であることを先ず断っておきたい。

ある病院の分娩室の外、数人の家族らしい人たちには不安の色が色濃く浮かんでいた。出産が順調でないことは明らかだった。

医者が来て「難産です。帝王切開を勧めたいのですが、いかがでしょうか？」と家族の同意を求めた。中国では手術には家族の承認が必要であることが法律で定められていた。

ところが姑が帝王切開は胎児に悪い影響を与えると頑として認めなかった。何の根拠もない拒否理由だったが、その場にいた夫（息子）は自分の母親に従うほかなかった。

時間だけが過ぎてゆき、医者も何度となく手術の許可を求めに来たが、姑はやはり首を縦に振らなかった。

医者はこれ以上引き延ばすと、妊婦の命にまで関わると言い、激痛に耐えられなくなった妊婦は自分から姑に「許可を下さい」と哀願したが、それでも姑は認めなかった。こうして妊婦は絶望して窓から飛び降り自殺をして、胎児も死んだ。

妊婦の実母がその場にいれば、きっとサインしただろう。しかしその場での姑との大喧嘩は避けられず、修羅場と化していたに違いない。

以上、関連のない三つの事例を紹介したが、濃い家族愛、深い家族の絆をより多く享受できるのは家族社会だからである。

しかし一方、かつての「家父長制」時代ほどではないにしても、長幼秩序が生み出す「家庭内ソフト暴力」や「善意暴力」の存在は否定できない。家庭内でよく起きる肉親への身体的暴力が一家庭の個別事件だとすれば、家族愛や家族の絆が生み出す「ソフト暴力」と「善意暴力」は文化的要素に起因すると言えるだろう。

最近、このような暴力が社会問題として取り上げられ、新語まで生まれた。「太后病」（大奥の〝統治者〟である皇帝の母親に対する称呼）である。

「太后病」に罹患する「患者」は夫の母親、妻の母親、未婚者の母親の場合もある。そして「太后病」の「症状」はいろいろである。

○子ども夫婦の鍵を持ち、二人が不在でも家に入って、掃除、片付け、料理造りをする。

○二人の健康のためにと、善意の押しつけで夫婦の食事メニューを決め、そのための買い物もする。

○子どもの就職、転職に関わり、仕事そのものにも干渉する。

○子どもの交友関係に介入する。

○自分の好みで服などを購入し、勝手に子どものファッションを決める。

○子どもが体調不良になると、自分の判断で処方箋なしで薬を購入、子どもに飲ませる。
○自分の感情で子どもの交際関係に口出しをし、子ども夫婦に離婚を迫る。
○子ども夫婦の金銭を管理する。
○孫の学習や習い事に干渉する。

ひたすら子どものために献身的な奉仕の精神で、自分の時間、資金、体力などを犠牲にして子どもの生活を仕切り、過剰に関与する「病気」である。

この「病気」はなかなか治らない。いや以下のような理由から治せない。

なによりも子どもへの愛から出ている自己犠牲であり、「病気」などとは本人は認めようとしないばかりか、理解も及ばないのが常である。

またこの病気の「被害者」が「病気だ」「迷惑だ」と叫んでも、「病んでいる」本人には自覚症状がないため、咎められると「家族愛」を拒絶されたことが信じられず、そのショックと傷心の様子は子どもや家族には逆に耐え難くさせる。

どうやら会社型の日本社会に「形式主義」「過度のマニュアル化」「部外パワハラ」などの弊害があるように、この「太后病」に代表される「家族内ソフト暴力」や「善意暴力」は家族型社会の一つの宿命ではないだろうか？

第五章　悪の文化

第一節　「二頭の虎」

中国に「二頭の虎」という童謡がある。「二頭の虎は走るのが速い。でも一頭は耳がなく、もう一頭は尻尾がない。本当にへんだ」という歌詞で、子どもならたいてい知っている。ただ今回取り上げる「二頭の虎」の話は実際の出来事で、かなり血生臭い。二〇一六年七月と二〇一七年一月、北京と寧波の動物園で人間が虎に襲われて死亡した事件がそれである。事の顛末を含めて、まずこの二つの事件を紹介しよう。

二〇一六年七月、猛獣の放し飼いを売り物にした北京の「八達嶺野生動物園」で、三〇歳代夫婦と子ども、それに妻の母親の四人が車で園内を巡っていた。途中で妻が夫の運転に文句を言ったことがきっかけで口論となり、自分が運転すると言い出した妻が助手席からドアを開けて外に出て、運転席へ回って行った。だがその場所はよりにもよって「虎ゾーン」だった。妻が運転席のドアに手を掛けたその時、背後から虎が襲いかかり、そのまま妻を引きずっていってしまった。いったんは車から降りて助けようとした夫も結局、追うのを諦め、車に戻った。ところが後部座席にいた妻の母親がいきなり車から降りて、虎を追って行った。

こうした動きを後ろからついて園内を巡っていた他の参観者が目にして、助手席から外に出た妻に対してすぐさまクラクションを鳴らして警告し、園内巡視管理車も事態に気づき、拡声器で至急、車に戻るよう繰り返し警告し、現場に駆けつけたが間に合わなかったのである。

この妻は顔と胸の一部を失って重傷を負い、妻の母親は別の虎に襲われて死亡、野生動物園は一時営業停止処分を受けた。北京のこの「前代未聞」の事件は大いにマスコミを賑わせ、論議を呼んだが、それから僅か半年後に二件目の「虎事件」が起きてしまった。

二〇一七年一月二十九日、その日は旧正月の二日に当たっていた。上海から新幹線で二時間、高速バスで三時間ほど南に位置する寧波市の「中国雅戈爾動物園」に夫婦と子供一人の組み合わせの二家族が訪れた。日本円で約二〇〇〇円の入園料節約のためか、この二家族とも夫は入園料を支払わず、壁を乗り越えての密入園という手段に出た。壁を越えると、またフェンスがあり、そこには「猛獣虎ゾーン」という警告板が出ていた。それを見た一人は「密入園」を諦めて引き返した。だがもう一人は警告板を無視してフェンスを越えたとたん、虎に襲われてしまったのである。

事件当時、比較的多くの参観者がこの惨劇を目にしながら、柵と堀で隔てられていたため、為す術もなく、携帯電話やカメラで撮影するだけだったようである。一方、動物園の管理員はまず爆竹で虎を遠ざけようとしたが、失敗し、その間にも虎は男性の遺体を八つ裂きにしようとしていたので、やむを得ず虎を射殺する手段がとられた。現場で撮影された生々しい動画が数多くネット上に投稿された。この二つの事件は、いずれも映像がネットに流されたからだろう、大きな反響を呼んだ。しかし死者に同情する声は皆無に等しく、批判の声が圧倒的に多かった。しかも批判の矛先は死者個人だけでなく、中国人の負の国民性——日本でも悪評のルールや規則を平気で無視する行為に対して——向けられるようになっていった。

確かに中国人はよくルールを無視する。その例は枚挙にいとまがないほどである。たとえばお寺や美術館内での「撮影禁止」などは掲示があってもほとんど意味がなく、密かに撮影する観光客は後を絶たない。またマンションの共用廊下には私物を置いてはいけないことになっている。中国人なら誰でも知っている常識だし、入居案内書にも必ず書いてある。だが実態は私物に占拠されたマンションが圧倒的に多い。なかには階段の踊り場まで私物が置かれて、人のすれ違いさえままならないケースまである。住民からクレームが出ようが、管理会社から注意されようが無視し続けるのである。

ところで一件目の「虎事件」には後日談がある。重傷を負った妻は北京市内の病院に入院して、複数回の手術を繰り返したため、無菌重篤患者集中治療室に収容された。この妻の父親は毎日病院を訪れたが、そのたびに面会は許されなかった。そのため「妻を失い、娘も重傷だというのに面会も許されないとは、なんと冷酷な病院なのだ」と関係者に罵声を浴びせ、連日騒ぎを起こしていたのである。この人物は、患者を守るためのルールであることへの理解がなく、あまりにも自己中心的と言わざるを得ないだろう。

ルール無視は庶民の生活レベルに留まらない。国家の政策などでも同様である。四〇年近く実施してきて、二〇一五年末に正式に廃止した「一人っ子政策」などはその典型で、いわば国運をかけた一大国家プロジェクトだった。違反者には日本円換算で数百万円から数億円の罰金制度まで定められていた。それにもかかわらず違反者はあとを断たなかったのである。

いちばんよく使われた手口は、他の行政地域に転居して、住民登録をせずに戸籍管理の目をくぐり抜けて、密かに出産するというものだった。この手口には大きな問題があった。それは生まれてきた子どもの住民登録ができないことだった。存在しながら存在しない子ども（中国語では「黒孩子」〈ヘイハイズ〉、いわゆる「闇子」である。このような「闇子」は戸籍がないため本人であることを認める公的な証明書を手にすることができない。正式な就学は不可能で、結婚して子供をもうけても、親に戸籍がないためその子もやはり戸籍のない「闇子」になってしまうのである。「一人っ子政策」が生み出した大きな落とし穴であり、社会問題となってしまっていて、その数が一億人を越えているという驚くべき報告もあるほどである。

最近よく報道される中国人のマナー違反の「特徴」は、多くがこのルール無視による要素が大きい。

信号無視。列への割り込み。禁煙地域での喫煙。どこでも路上駐車。町中で唾を吐く。ゴミのポイ捨て。禁止事項が通知された場所での違反行為……。
これらの中でも中国人のマナー違反行為の「筆頭」に挙げられるのが、おそらく「さまざまな職種のスタッフへの暴行・暴言」だろう。この暴行・暴言はもはやルール違反のレベルを超えていて、違法行為と言っていい。そしてこのような暴行・暴言のきっかけは、おおむねスタッフの説明(注意)や制止への逆切れである。当人のマナー違反やルール無視を棚に上げての暴行・暴言だけに風当たりも当然強くなる。

マナー違反事例が出るたびに、民度が低いとの嘆き節が聞こえてくるが、嘆くだけでは何の役にも立たない。同じくこの「悪」の根源をあっさり「ルール無視」という〝習慣〟に帰してしまうのも安易過ぎる。「ルール無視」が習慣となってしまっている根本的な要因の一つは、中国人は生来、法律順守の意識が比較的希薄であることはすでに述べた通りである。確かに法律順守の意識希薄とルール無視は共通項が多い。しかし国家の法律と日常の違反行為との間の関連に必然性があるとはなかなか言いきれない。そうだとすると、この国民的性格とも言える「ルール無視」の習性を育ててしまった文化的要素がまだほかにあるのかもしれない。

第二節　死に方は同じだが本質は異なる

半年足らずの間に、虎に襲われて死亡する事件が二件続いて発生した。偶然とは言えない二つの事件に隠されている中国人の思考方法とはどのようなものなのか、少し触れたい。

被害者二人が「虎に襲われ」、死に至った事実は同じだが、二人の心理的な要因は異なっていた。北京の事件は突発的であり、そこに冷静な思考や判断は存在しなかった。虎が野放しになっているという、いわば異常な状況を忘れ、家族という「小世界」でしか思考していなかったのである。日常生活での社会道徳の遵守、周囲への配慮より、中国人が常にこの「小世界」に目を向けがちであることを証明するために用意されたかのような悲劇である。一方、寧波の事件は明らかに「強烈な損得勘定」が招いた悲劇だった。

「家族中心主義」や「損得勘定」は日本人にもあるし、こうした思考を持たない人間などいないだろう。しかし中国人には特にそれが顕著であり、中国人を特徴づける思考方式で、典型的な行動パターンと言える。

具体例から見てみよう。

中国で住宅不動産の「市場化」が始まったのは僅か二〇年ほど前のことでしかない。それまでは政府が役所や会社を通して従業員に住居を格安の賃料で分配していた。つまり住宅不動産は売買取引の対象になるとは誰も考えていなかったのである。

そのため住居（団地）は国営会社やその他の会社の土地を囲むようにして建てられ、従業員に提供し、住まわせ、小さい「独立王国」を形成した。同じ会社の人が同じ団地に住むのは当たり前の現象だった。そして他者との区別化を図るため団地の周囲には必ず壁や塀を作って「独立王国」を対外的に示した。その流れは住宅不動産が市場化してからも、つまり隣人同士が異業種、面識なしとなっても、住宅開発会社は団地やマンションを塀や壁で囲んで建売して、統一管理のもとに自分のブランドを誇示する方式を取っている。このような「団地」での現象である。

団地の敷地内にポイ捨てのゴミが散乱しているだけでなく、時には放置されたゴミが小山を成している光景をよく見かけるし、決して珍しくない。さらに共用廊下や階段の踊り場には私物が通路をふさぐように置かれ、しかもそれらに分厚い埃がたまっていても誰も片付けようとしない。置いた人間がいるはずなのに。

マンションの外壁がボロボロになっても、廊下の壁が落書きだらけになってもほとんど無関心である。その一方で自分の住居内は比較的きれいに整頓され、内装などに傾けるエネルギーは中途半端ではない。中国人が内装に投入する金額は住宅購入とほぼ同額と言われている。もっともこれには中国の住宅販売方式が日本と大きく異なり、内装一切無しが一般的だからでもあるのだが。

こうした自分と直接関わらない、しかし安全や秩序を守るために作られているはずの団地やマンションの塀や壁についても同様の現象が起きる。時間の経過によって老朽化し、部分的に破損したり穴があいたりする。すると住人たちは塀や壁を修繕するのではなく、そこをさらに壊して出入り口として使うようになるのである。もちろん「正規」の出入り口があるのだが、近道ができたとばかりに共有物を破壊してまで、自分の「利益」を優先させるというわけである。

このような現象がすべての住宅区、すべての中国人家庭に当てはまるわけではない。最近ではしっかり管理を行う住宅区も増えつつある。しかし今述べたように、中国人は「内」と「外」を区別し、「内」、つまり自分の家（家族）を重視し、「外」を軽視する傾向が顕著である。そしてひとたび自分の「利益」が害されるとなると、もう一つの典型的な行動パターンである「損得勘定」が即座に実行され、「取捨選択」の判断がなされるのである。

寧波での被害者の「意識・行動パターン」を見てみよう。

もし「二〇〇〇円節約のために虎と勝負する」という明確な条件が事前に提示されていたならば、被害者を含めて誰も挑戦しないに違いない。しかしこれまでの彼の人生で「節約できる方法がある」という場に直面するたびに、「損得勘定」のうえ、ルール無視の「私的利益」を選択し、そしてほぼ成功してきたのだろう。この「成功率の高さ」は彼の罪悪感や危険意識を希薄にさせていったと思われる。つまり今回の悲劇は「損得勘定」による行動パターンという慣性がもたらしたものだったと言える。

ルールよりも損得勘定優先、場合によってはルール無視の利益追求という意識・行動パターンの例は枚挙に暇がない。

二〇〇五年、四川省重慶市にある人口がわずか二万人ほどの小さい町で、一年間に一七九五組の夫婦が離婚した。まさにギネス的数字ではないだろうか。なかには七〇、八〇歳代の老夫婦が子や孫に支えられながら離婚手続に訪れた人もいたようだ。驚くことに、そのほとんどが偽装離婚だったのである。「偽装離婚、復縁、再偽装離婚」、「偽装離婚、偽装再婚、離婚、偽装離婚者との復縁」というケースも現れた。理由は実に明瞭だった。政府が安く住宅を購入できる優遇政策を打ち出したのだが、夫婦では一軒、離婚していればそれぞれに一軒、つまり二軒購入できるとわかったからだった。

この「損得勘定」意識は、当然のように政策や規程の間隙を突くようになり、罪悪感はますます希薄となっていく。このような意識の作動は波及し、習慣となっていきがちである。こうして日本で生活する中国人にも同様のことが起きる。

たとえば日本の奨学金制度の規程では、一世帯の収入が一定額を超えると奨学金申請資格を失う。配偶者に一定額以上の収入があったため、申請資格がなかった留学生が偽装離婚してまで奨学金を得ようとした事例を二件ほど耳にしたことがある。

交通費を節約するために、線路の柵を越えて駅に入り、下車駅ではレールに沿って歩いて道路に出るといった手口で無賃乗車をしていた事例もある。

中国人に限らないが、在日外国人は税金を少しでも減らそうと、海外在住の親、兄弟の実際の収入額を無視して、自分の扶養家族として税務署に申請する人たちが多い。年収五、六〇〇万に達していても源泉徴収税額を「無」とすることも珍しくない。そのため日本政府はこうした手口を防止するため二〇一六年から海外扶養家族審査の厳格化を実施するようになった。

「家族を大切にする」ことは美徳だし、「自己利益優先」も人情と言えるだろう。ただし、この万国共通の感情も、感情を優先させるからには「ルール」を破っても構わないと思うのが中国人なのである。

「利益」のために中国人は魂さえも売ると見られると、「中国人は怖い」「中国人は信頼できない」と言われても諦めるしかなくなるだろう。

しかし中国人のこのような「損得勘定」はあくまで日常生活での「処世術」であり、「問題の解決能力」と言っていいものである。言い換えると、日常生活程度でのルール違反は許されるものと認識するのが一般的で、さほど「重大な事」とはとらえていないのである。こうして日常生活でのルール重視という意識が希薄になっていくことになる。

もちろん人種、国、民族の違いに関係なく、中国人にも「国家」「民族」「人格」「人間性」「プライド」などの概念があり、道徳規範、行動の基準となり、個別の私利を忘れさせ、より高尚へと導いていく。ただし、人びとが「原則的な重大事」と認識しない限り、日常生活の中ではなかなかこの概念は発動されないことが多い。これには宗教からの影響が微弱な中国では、日常的に神への畏敬の念を抱きつつ、信仰によって常に心を磨く機会が少ないことにもよると考えられる。

このように考えると、一部の中国人がネット上で「反日」「反米」「愛国」を叫ぶ一方、日常生活で「陰湿なことばかり言う」「盗みを働く」といった魔訶不思議な両面性を見せる現象も理解できるだろう。

二〇一七年初頭、日本で救急車を呼んだ六〇歳台の男性が救急隊員が土足で自分の部屋に踏み込んだことに激怒し、救急隊員を土下座させて、殴り、逮捕された。

中国人ならば、この横暴な要求に救急隊員として絶対に土下座などしなかっただろう。たとえ自分の職を失っても、逆切れの可能性さえある。なぜならこの「土下座要求」は中国人の「損得勘定」のボーダーラインに触れるはずだからである。

いろいろ事例を見てきたが、「損得勘定」が働かない場合もないわけではない。しかしおおむね中国人の性格の一部になっていると言えるようである。

第三節　尊びと蔑み

損得判断の基準は個人重視の社会では、言うまでもないが「己」が中心になっていく。「己」とは一個人という「自己」の意味だけではなく、「自己の輪」まで拡大され、親族、友人、知人を含めて「内」か「外」の基準によって判断されていく。こうして常に「己」に近い「内」の利益が優先されていくのである。

そのため中国人は究極の「自己中心主義者」と烙印を押されそうだが、実際の状況はそうではない。なぜなら中国人も他の民族と同じく、自分の文化への「尊び」と「蔑み」の両意識を持ち合わせているからである。

すでに紹介したように、「孝、信、義、礼、秩序」などは中国人の「尊び」として普遍的に認識されている。他方、日本人の「恥意識」に対応するとも言える中国人の「蔑み意識」とは、どういうものだろうか？「不孝、不信、不義、無礼、撹乱」は「蔑み」として忌避されて、中国人の行動を縛る基準になっていると言えるだろう。

ここではいくつかの事例を挙げながら、中国人の「蔑み意識」有無のボーダーラインを探ってみたい。

事例①

筆者の母親から直接聞いた「昔ばなし」である。

四〇年程前の出来事だったようである。住んでいたマンションの前で道路工事があって、労働者たちは全員、警官の監視下で働いていた。いわゆる「労働改造」という名の強制労働をさせられている囚人たちだった。昼食時になると囚人たちが我が家の窓の下で食べ始めた。食事は冷えたトウモロコシの蒸しパンだけで、なかなか喉を通らない様子を見た母親が漬物とお湯を出してあげげた。監視の警官の許可をもらって受け取った囚人たちは、その時は短い感謝の言葉を言っただけで余計なことは何も話さなかった。その日、囚人たちが仕事を終えて引き上げていったあと、自宅の窓の下に鍬や斧、ハンマーなど数本の道具が置かれているのに母親は気づいた。囚人たちがお礼にと敢えて「忘れた」に違いないということだった。

法的に言えば、道具類は国有財産であり、囚人たちの行為は明らかに「犯罪」である。しかし筆者も含めて、この出来事を知った中国人は囚人たちの人間性を称賛しても、批判する人は皆無だったのである。

事例②

これは郊外のある大きなアウトレット店での筆者夫婦の体験である。

買い物を終え、レジで会計をしていると、隣のレジで店員が日本語で、客は中国語で何やら言い争っているのに気がついた。会計を済ませた家内は隣のレジに行き、店員に「私は中国語もわかりますからお手伝いしましょう」と日本語で声をかけた。

店員はほっとしたように「こちらのお客様がこのクレジットカードでお支払いされようとしていますが、このカード、このお客様のものではなく、うちではご本人様のカードでないと受けつけないことになっております。私たち店員としてはどうしようもないのです」と言った。

客はあくまでも「このカードは私のものです」と言った。

それを店員に伝えると、店員は片手にクレジットカード、片手に客のパスポートを持って家内に見せ「中国語はわかりませんが、漢字くらいは読めます。どう見てもこれは同一人物ではないですよ」と言った。

確かにパスポートの名前は男性で、クレジットカードの名前は明らかに女性の名前だった。

しかも片方の名前は二文字、片方の名前は三文字だった。さらにそれぞれのサインの筆跡も明らかに異なっていた。店員の言葉を客に通訳すると「このカードは絶対に私のものです。間違いないです。誓います」と言い張った。

この堂々巡りを何度かするうちに、ようやく状況が理解できた。パスポートもクレジットカードも確かに目の前の男性客のものなのだ。ただ、男性は中国国内でカードを娘に貸した。娘はカードを使ったとき、そのカードに自分のサインをしていた。その後、男性がカードを使用しても中国では拒否されたことがなかったらしい。「中国で問題なかったのに、なぜ日本ではダメなのか、わらない」と言っている男性客に「自分のカードを勝手に娘に使わせてはいけないのです」と日本人店員が口を挟んだ。

「誰にも害を与えないのに、なぜダメなのか」と男性客は納得せず「それなら暗証番号を入力します。それが一致すればいいのでは」と提案した。

しかし「会社のルールなので、私たちにはできません」と店員は否定的だった。

解決策が見いだせないまま、家内は自分の出る幕は終わったと思い、帰ろうとしたとき、店の中国人店員がようやく駆けつけてきた。おそらく別の客対応に追われていたのだろう。

中国人店員は経緯を聞くと、さすが経験豊かで、日本社会のルールと中国人の心理のいずれも熟知していて、すぐに問題を解決した。

中国人店員はまず客に「このクレジットカードのサインをあなたの名前に書き直してよろしいですか」と訊いた。

「もちろん」客はすぐさまカードのサインを二重線で消して、自分の名前を書き入れた。次に中国人店員は日本人店員に「カードの名前が一致したので、もう大丈夫でしょう。会計手続きをおねがいします」と言った。

最後に中国人店員は家内に「客が気にしないなら、私たちはあまり深く考えなくてもいいでしょう」とこの「トラブル」を収めてしまったのである。

このトラブルの元凶は、男性客が自分のカードを勝手に娘に使わせたことである。もちろん会社のルールや厳しいチェック体制は顧客の利益を守るためだとカード利用者も十分わかっているはずである。

しかし「他人に無害」という線引きによって中国人は応々にして「自分にとって便利・有効」な手法を選択してしまうのである。

事例③

中国の食品衛生や品質の問題はよく日本のメディアでも取り上げられ、評判がすこぶる悪いことはすでに周知の事実である。特に「三鹿毒粉ミルク事件」「マクドナルド腐った鶏肉事件」下水に廃棄した食用油を回収し、クリーニングして再利用する「〝地溝油〟事件」などは健康に甚大な被害を及ぼすことが懸念され、日本でもよく知られている。

工業用アルコールを使った毒酒では、毎年死者や障害者を出しているし、食品の着色に漂白剤や工業用着色剤を使うなど、庶民の日常生活の中にこうした類の「事件」は後を絶たない。確かに中国人もこれらの悪徳業者と彼らの犯罪的な行為を「モラル低下の証」と酷評している。ただこうした悪徳業者は「少数」であり、これによって中国人に「蔑み意識」が存在すると納得するのはやや早計だろう。

そこで中国で非常に人気のあるテレビドラマの一シーンを紹介し、一つの事例としたい。

上海で日本料理店を経営する中国人オーナーが友人でもある常連客の依頼を受け、わざわざ日本の築地で最上級のマグロの大トロを競り落とし、すぐさま空輸で上海へ届けてもらった。その日の夜、常連客に提供するとき、少しだが大トロの一部を密かに隠して、自分のつき合っている女性に食べさせた。この高価な「プレゼント」に喜びながら、彼女は「こんな高価なもの、私が食べていいの?」と訊いた。するとオーナーは何も知らない常連客を指さしながら「常連客のオゴリだよ」と返事した。

ドラマではこのシーンで彼女への「愛」を表現したかったのだろう。そしてこのオーナーの行為を「良くない」と非難する中国人は一人もいないはずである。

事例④

経済的に豊かになった中国人が日本でお花見をするために来日する人が年々増加している。桜の花をバックに記念写真を撮ることになる。そして写真撮影のとき、さくらの枝を引っ張って自分の顔に近づけて撮ろうとする人もかなり多い。それを目にした日本人は「マナーが悪い」「植物が痛む」と批判するが、このような行為を「マナー違反」と認識する中国人はほとんどいないし、当然、蔑みの対象とはならない。

ところがある観光地に置かれていた銅像の頭の上に登って記念写真を撮った男性は、実名が公表されて、「観光マナー違反ブラックリスト」に載せられ、海外旅行禁止処分となった。蔑みのボーダーラインを越えてしまったからだった。

事例⑤

中国人は信号を無視する、列に並ばない、などのマナー違反行為は、つとに「有名」になっている。しかも周囲の目線も気にせず、正々堂々と行なっている。

ところがその中国人が来日すると、急に周囲の目を気にし始め、信号を守り、列にも並ぶようになる人が増えるのである。

いくつかの事例でわかるように、中国人の「蔑み意識」には個人差があり、学歴、経歴、環境、その時の心情、直面する物事によって、その都度かなり異なってくる。日本人の「恥」意識のように、日本人に比較的共通した概念は中国人にはない。つまり中国人の「蔑み意識」は常に変動的で、あまりにも曖昧すぎるものと言わざるを得ない。

第四節　罪文化、恥文化、恨文化、中国は？

一国の文化を一文字で表すのはなかなか難しいが、その国の文化の核心を突く面白さもある。その道の研究者たちがアメリカ、日本、韓国を表した比較的ポピュラーな一文字は、次の通りである。

アメリカ　「罪」文化。

アメリカではトラブルが生じると、迷わず訴訟を起こすからだそうだが、納得する人も多いだろう。しかし「罪」文化と見なした背景が単に法の完備、法意識の高さ、そして罪状の明確さなどといった理由からだけではないだろう。もう一つ、「懺悔」文化も存在していることを見逃せない。つまり神に対して自分の罪を素直に認め、反省し、告白すれば許されるという思考回路である。ただこの文化には至上の神の存在と、深い信仰心が求められる。

中国の場合は元々法制の概念が希薄である。その上、国教にあたる儒教は社会倫理道徳の規範とその秩序維持を重視するもので、神にはなれなかった。そのため、「罪」意識は文化の中でそれほど重要な地位を占めることはなかった。

日本「恥」文化。

「恥」の認識は万国共有物として存在しているはずである。ただし「恥」の概念、「恥」と認識する対象、「恥」がもたらす行動は異なる。

その意味で日本の「恥」文化は対外的で、公共意識の基盤形成に一役をかっている。中国では「恥」文化は主に内向きで、社会秩序維持につながる公共意識の形成に大きく寄与したとは言い難い。

韓国「恨」文化。

韓国文化を「恨」という文字で表すのが適切なのか、さらなる議論の余地が残されているように思う。

韓国も儒教の影響を強く残しているが、儒教には基本的に「恨」の要素は薄いと言える。その意味では「恨」は韓国を含む朝鮮民族の歴史が大きく関わっているに違いない。

このように一般的な捉え方があるのだが、それでは中国の文化は漢字一文字で表わすとなると、どうなるのだろうか。

筆者は敢えて中国は「悪」の文化と名づけたい。

「悪文化」の定義は中国文化が「悪い」という意味ではない。また性善説、性悪説に基づいて出した結論でもない。中国文化の価値判断基準が「善と悪」の上に成り立っているという意味からである。

理解し易くするために、これまで論じてきたことに少し立ち返ってみることにする。

・中国の社会は家族型で、家庭が社会の基盤であり、家庭の最も大切な絆である「孝」はその価値感の原点である。
・法律や社会的な規則、ルールを順守する意識が希薄である。
・社会的な公共概念が薄い。
・集団、組織、国家より個人を重視する傾向がある。
・社会の道徳基準では「孝」「信」「義」が重んじられるが、「蔑み」の捉え方が曖昧で、固定的でない。
・事の大小に関わらず、「得・失」という相対的な判断基準が働く傾向が強い。
・「得・失」判断を下す立場は自分が中心で、自分と関係が近い「内」が重視される。たとえば自分と友人の間では「自分」に「得」あるように、知人と他人では「知人」へ、自分の部署と他の部署では「自分の部署」へ、自分の会社と他社では「自社」へ、中国と他国では「中国」へ、となる。

中国では伝統的に「善と悪」で物事が判断されてきた。三国志演義で日本でも知られる蜀の劉備は、息子の後主 劉禅への遺詔の中で「勿以悪小而為之、勿以善小而不為」（悪、小なるを以って之を為すこと勿かれ、善、小なるを以って為さざること勿かれ）と戒めた。たとえ小さな悪でも行ってはならず、たとえ小さな善でも行いなさいと、中国人は古くから「善と悪」を行動の判断基準としていたのである。

それにもかかわらず、筆者が中国を「善の文化」としないのは、劉備のような君主として常に国の立場から「善・悪」の判断を行う人は少数派だからである。一般民衆が日々の生活の中で判断する場合、おのずと自分にとっての「得・失」から判断されがちだからである。

筆者の言う「悪文化」について、いくつか例示することにする。

まずは笑い話から。

お婆さんが弁護士を訪ねて、「上海に不動産を持っていて、これを息子に譲りたいのだが、名義変更手数料や贈与税など、贈与に関わる費用が高すぎるので、安くできる方法はあるか」と相談した。

弁護士は自信を持って次の方法を教えた。
① あなたがまず自分のご主人と離婚し、不動産所有者をご主人にする。
② 息子を離婚させる。
③ ご主人と息子の妻を偽装結婚させ、息子の妻を不動産の共同所有者にする。
④ ご主人と息子の妻を離婚させ、不動産所有者を息子の妻にする。
⑤ 息子と息子の妻を復縁させて、不動産所有者に息子の名を入れる。あなたとご主人も復縁手続きをする。
こうすれば、離婚と結婚手続きは六回になるが、費用は全額でもおよそ数千円で、手続き費用や税金の節約総額はおよそ一四五〇万円になります。

これは中国のネット上で目にしたジョークである。ところが現実にも似たような事が起きているのである。在日中国人夫婦が実際に実行した事例である。

夫は日本の企業に勤め、手取り三十数万円の収入を得ていた。妻はまだ留学生の身分で、アルバイトをしていた。妻が大学院に進学し、奨学金の申請が可能となった。ところが奨学金の申請要件に家族の合計収入の上限があり、夫の収入だけでも、すでにその上限を遥かに超えていた。つまり妻には奨学金申請の資格がなかった。

しかし夫婦は家計の足しになる奨学金の申請を諦めきれなかった。こうして夫婦は離婚という策に出たのである。もちろん偽装離婚である。妻はアルバイトもやめて、無収入として奨学金を申請。数か月後、奨学金受給対象者となったあと、夫と復縁した。

こうした笑い話や実例から、筆者が言う「悪文化」について、少なくとも次の三点が言えそうである。

①　中国人は家族の絆を絶対的に信頼している。離婚、復縁の過程での裏切りを基本的に疑っていないからである。

②　中国には「上有政策、下有対策」（上に政策有れば、下に対策有り）という俗語があるが、中国人のルール順守の意識が薄いのには、単にルールの無視だけでなく、ルールの不備をついて自分に有利になるよう抜け道を見つけ出すのに長じているということにほかな

らない。

③　中国人は過程より結果を重視する。

一方、日本に関して、次のような二つの事例を示して中国と比較してみよう。

①　ある経理担当の公務員が帳尻がどうしても合わないため、結局、自分の財布から不足していた金額を出して帳尻を合わせた。だが後日、この件が発覚して懲戒処分となった。

②　ある京都牛の専門販売会社が仕入れミスで在庫不足となり、顧客へ納入すべき京都牛の代わりに、より品質が良く、より高価格の神戸牛を納入した。その後、偽装商品として会社は謝罪に追い込まれ、取引も停止させられた。

この二つの事例が中国で起きたら、おそらく問題にされる可能性、特に処罰される可能性はかなり低いだろう。なぜなら結果的に誰にも損害を与えたわけではないからである。

つまり中国で「悪」の定義を下すときは、ルールより結果なのである。

第五節　結果重視

損得判断の向うに見据えているのは「期待」の結果であり、すでに述べたように「悪文化」は、いつしか結果を重視するようになっていたのである。

またこれもすでに述べたが、中華思想の源流となった中国の春秋戦国時代に始まる諸子百家思想は哲学でありながら実用主義的色彩が濃いものが多い。この実用主義は後世の思想や意識の形成に影響を与えていった。そしてこの実用主義と損得判断、それに結果重視の思潮が相乗効果を発揮して、醸成されてきたのが「中国民度の低さ」にほかならない。

一つの実例を示すが、これは筆者の実体験談である。

筆者が博士課程在籍中に専攻の合宿に参加したことがあった。恒例の合宿コンパでは、飲み会は延々と続き、深夜に及んだ。その場で横になって寝てしまう者も出始めると、愛煙家たちはさすがに毎回、外にタバコを吸いに行くのが面倒になったのか、次第にその場で吸い始めた。飲み会の部屋は禁煙ではなかったようだが、灰皿は置いてなかった。そして筆者もタバコをその場で吸い始めた。吸い殻や灰をほかの愛煙家たちがどう処理したのかわからないのだが、筆者は魚の骨などの「ゴミ」を載せていた取り皿に吸い殻を捨てた。吸い終わって壁際にいた筆者の所へ一人の女子学生がおしゃべりにやってきた。やがて吸い殻を見た彼女が「これはひどい！食事用の皿に吸い殻を捨てるなんて非常識すぎる。基本のマナーも知らないのね」と誰に言うともなく強い口調で言った。

罪悪感がよぎりながらも、筆者は名乗り出る勇気がなかった。ただその一方で、密かに心の中で、どうせ洗うのだし、磁器製だから汚れもきれいに洗い落とせるじゃないかと呟く自分がいた。


実は中国ではこうした事例はごく普通で、どこでもよく見られるありふれた光景である。取り皿にタバコの吸い殻を捨てるだけではなく、灰皿があるのに、灰をそのまま床に落とす人も決して少なくない。また、たとえば落花生やヒマワリの種やスイカなどを食べる時、その殻や種を入れる受け皿が用意されているにもかかわらず、そのまま床に落とす人も多い。中国の飲食店の床は板張りではなく、靴を脱ぐ事はない。すっかり日本に住み慣れている筆者は、あるときこの「捨てぶり」について、まさに食べながらゴミを捨てていた友人に訊いた。「なぜ受け皿やゴミ箱に捨てないのか」と。返事は意外にも「面倒くさい」ではなく、「どうせ、あとで掃いて、掃除するだろう」だった。

筆者たちの食事後、見ていると従業員が箒とモップを持って床を掃除しに来た。しかもテーブルを片付けるスタッフも割箸、ナプキンなど生ゴミ以外の固体のゴミをそのまま床に落とし、床掃除担当のスタッフに任せるようだった。このやり方は生ゴミとの分別、そして作業効率は良いのかもしれない。ただ客側の「どうせ掃除するから、床に捨ててもいい」という考え方は、結果的に客はそこら中にゴミを散らかし放題にすることにつながっている。結果的には掃除スタッフへの配慮は完全になく、中国人はやはり「自己優先」的な行動を取ると言わざるを得ないようである。しかもこうした自己優先行動は中国での常識レベルを超え、一般的な中国人の許容域さえも超えて、もはや制御不能域にまで行き着いてしまう恐れさえある。

たとえば、次の事例は二〇一七年に中国のネット上で大いに話題を呼んだ。

レストランで食事をしていた家族の幼い子どもが急に尿意を訴えた。母親はトイレに連れていく余裕がないと判断すると「なんの躊躇もなく」テーブルのグラスを手にすると子どものおちんちんに当て、尿を処理した。レストランのスタッフはさすがに見過ごせず、止めようとした。ところが母親は「グラスはどうせ洗うのだし、どうということはないでしょう」と自分の正当性を主張した。

ネット上では当然、批判意見、特に中国人の民度の低さを批判する声が噴出した。批判の声が正論であることは言うまでもない。しかし筆者はこのニュースを見て、思わず自分のタバコ吸い殻事件を思い出していた。

「どうせ洗うから問題がない」という同じ発想に大きな衝撃を受けた。しかも自分の子どもがレストランの食事中に漏れそうになったら、自分はこの母親と絶対に同じ事はしないと言い切れないのではないだろうか。

とっさの損得判断、しかも「自己中心」の損得判断、さらに「蔑みの意識」が薄いとなると、いったいどこまでいってしまうのか……。

これこそ中国人の恐ろしいところではないのかと、筆者自身が常々気になっているところなのだが。

第六節　終わるに終われない

そろそろ筆を措くことにしよう。

とはいえ、本文中でも紹介したいくつかの事例とその現象の背後にある文化的要因、心理的要因は理解できたようでも、指の間から砂がこぼれ落ちていくようにやはり理解しにくいかもしれない。

いくら摩訶不思議な現象でも必ずそれを誘発する文化的要因があるわけで、もう一度、本書の「はじめに」で示した、子どもが転んだら「地面が悪い」、手がドアに挟まれたら「ドア」が悪い、ママが代わりに地面やドアをやっつけてやるという中国特有の「子どもの慰め方法」

で検証することにしたい。

こうした中国の習慣の形成要因を掴み出すのはかなり難しい。ただその核心にあるのは、ドアに手が挟まれた子供の「鬱憤」をひとまず晴らそうとする親の心理が働いていることだろう。そのためには仮想敵を示し、それを倒す必要があるのだ。

中国人の思考方式は「結果重視」なので、最終責任者を定めないと一件落着とは言えない心理が働くと言えるだろう。

少々余談になるが、「ごめんなさい、すみません」の中国語は「対不起」（トゥイブチー）である。この言葉は字義通り訳すと「対等に接することができない」という意味になる。つまり自分の落ち度を認めれば「もはや頭が上がらない」ことになるし、相手に非があることを明確にさせれば、自分に有利に物事を運ばせることができる。だから中国人はなかなか謝らないとよく言われるのも、このような思考回路が働いているからである。

また中国人は「相対平等意識」を持つため、自分だけ「不利」を被って、やり返すこともできないならば「負けだ」とか、「頭が上がらない」と思う心理が働く。たとえ自分の行動にこそ非があったとしても。

さらに「面子重視」のため、他人の前で「弱い一面を見せる」と、自分の面子が立たない

（ここでは親子は一心同体になっている）という心理が作動するのである。
加えて「公共意識が薄い」ため、「誰がやったの？」と大きな声で叫ぶのは、周囲への配慮があまりにも薄く「自己中心」になっているからである。

本書で示してきたいくつもの事例はあくまでも典型例に過ぎず、実際の生活の中に現れる中国人的な思考方法は、個人差があるうえ、その他さまざまな要素が複雑に絡み合っていることは言うまでもない。しかも親の「子どもの慰め方法」でも理解できるように、それが「文化」として親から子へ、代々受け継がれていくものなのだろう。

ところで現代社会は、日本も中国も社会学、家政学領域での専門用語を借りれば、「職住分離」が進み、多くの人びとが仕事場所と住居とが完全に分離されて生活している。またグローバル化はいつの間にか異文化を私たちの社会に入り込ませ、仕事のスタイル、生活様式に影響を与えつつある。
そのため、日本では封建的な思考は殆ど姿を消し、主従関係さえ脆弱なものに変容してきてしまっている。中国も同じような状況である。宗族はすでに存在せず、血縁重視を示す「族譜」も半分以上の家庭が持たなくなっている。血縁関係のある親族が同じ地域に定住する慣習も薄くなり、祖先祭祀も各家庭単位になってきているばかりか、祭祀をしない家庭も増えている。四十年近く実施された「一人っ子政策」の結果として、家系を守るための長嫡子重視さえも都市部では薄れてしまい、血縁関係に依存した社会基盤もかなり崩壊してしまった。

こんな状況で日本は「会社型」、中国は「家族型」だと言える特質は、今なお残っているのだろうか。それだけでなく、今後もそれぞれの文化は受け継がれていくのだろうか。

日本の現状はどうであろうか。

日本人の「自殺」はマスコミなどでも伝えられているように、自殺率は近年ずっと高止まり傾向にある。この数値を下げるには、家庭や社会との関連性からもっと研究を進めていく必要があると思われる。ある「自殺聖地」などというありがたくない名称をもらった自治体は、自殺者の事後対応で財政難に陥ったほどだった。打開策として、監視員を配置し、定期巡回チームを組織したが目立った効果がなかった。そこで「聖地」への道のりに「もう一度、家に帰ってみてください」といった類の言葉を書いた立て札を出した。これは意外にも効果があり自殺者数が半減したそうである。

抱えた悩みを家族にも相談できなかったのだろうか。絶望に陥った者の異様さに家族はまったく気づかなかったのだろうか。現代の日本に生きる我々は気づかないうちに組織、社会に呑み込まれ、自分を見失い、孤独となり家族をも排除してしまっているのではないだろうか。

また「いじめ」で自殺した子どもの正確な数字は把握していないが、大きな社会問題となっていることは間違いなく、個別の問題として見る時期はとうに通り過ぎているだろう。子どもたちのこころに大きな闇が広がっていることを「社会」が認識し、家族の在り方、子どもとの繋がり方を日本はもう一度考え直す時期に来ているようである。

また「社会」ということで言えば、成人した子どもの犯罪に対して「公人」であるがために、親まで謝罪し、あるいは仕事の「自粛」や「離職」にまでつながってしまうのはよく理解できない。これが芸能人、タレントともなれば、たとえば「不倫」などは格好のネタとなって、引退にまで追い込まれる場合もあるのだが、「社会」の「一般常識」「一般良識」が個別の家庭に過剰干渉しているように思えて仕方ない。

一方、「夫婦独立収支制」「離婚時財産配分策定」「家事分担制」「定額小遣い」「住宅購入時出資金負担及び不動産持ち分策定」「帰省順番と回数及び担当家事」等々、極端な例では「月のセックス回数」まで決めている家庭もあると聞く。このように日本の一家族内での契約件数が増えつつあるという。またある四〇代の共働きの夫婦は、二人のことはほぼすべて事前に協議決定し、日常会話ほぼなし、メモで連絡、セックスなしだそうだが「うまく」続いているという。

これはもはや情愛や血縁で結ばれている家族ではなく、契約で結ばれた共同生活者ではないだろうか。

このように今現在の日本を眺めると、人間の生活は十人十色とはいえ、鮮明に浮かんでくるのは、日本が会社型社会である特質が薄くなるどころか、ますますその色を濃くしてきているということだろう。


では中国はどうだろうか。

中国人はマナーが悪い、民度が低い、これは海外からの「批判」だけではなく、中国人もすっかり認めている「反省」でもある。

筆者は「民度が低い」要因、そして「マナーが悪い」を認識しながら中国人が改められない要因を探るため、何度か中国へ調査に出かけ、聞き取り調査なども行ってきた。その要因は「学校、特に小学校の徳育（道徳）教育」にあるのか。「親による家庭教育」にあるのか。それとも社会環境ないし伝統文化にあるのか。

調査結果を次のようにまとめてみた。
①「民度が低い」ことに政府も危機感を募らせ、「観光客非モラルブラックリスト」を実名公表し、中国人観光客のマナー改善から着手した。同時に次世代のマナー向上のために子

どもの徳育向上教育国家プロジェクトを始動させた。

② 小学校では方法や方針は異なるが、ほぼ全学校に専門教員を配備し、徳育教育に力を入れ始めている。

③ 徳育教育を点数化し、筆記テストも取り入れて「改革」を実行する学校もある。

④ ほぼすべての情報提供者は中国人の民度の向上について、異口同音に「十数年内の急激な改善は難しい」と断言し、次のような理由を挙げていた。

・学校の徳育教育が形式的。
・親は子供の勉強や技能など出世に直結することを異常に重視し、徳育教育には無関心。
・親の素養が低いため、子どもに優れた薫陶を与えられない。
・利益至上、拝金主義の風潮の中で、子どもにばかり「品徳」「道徳」を求めても説得力に欠ける。

どれも一理あるだろう。なかでも一人の小学生の話は筆者に強い衝撃を与えた。

「先生が教えてくれるマナーや、マナーを守らなければならないという話は全部正しいと思います。私も最初は先生の教えられた通りにしました。でもね、そうすると、自分はよく損をしました。

・友だちと一緒に映画を見に行ったとき、列にきちんと並んでいたら、私の前で売り切れになってしまった。でも列に割り込みした友だちはちゃんとチケットを手に入れた。

・雑誌の綴じ袋に入っている人気カードを揃えたくて、自分のお小遣いを全部使っても揃えられなかった。でも買う前に隠れて綴じ袋を開けて覗いていた友だちは揃えられた。

・大雪でタクシーを奪い合っているとき、私が一歩下がってしまったために、乗り遅れてしまい親に叱られたこともありました。

筆者は中国人が長年にわたって育んできた「損得勘定」という思考方法がいかに根強く、いかに伝承しやすいのかを痛いほど理解できたのだった。そしてこの「損得勘定」がしっかりと伝承されていく限り、中国社会が「家族型社会」を変えることはないだろうということも理解できたのだった。

おわりに

筆者は一九九六年に来日してからというもの、日々、日本と中国の文化を比較するなかで生活しているようです。来日当初は、歩道の狭さ、生の食べ物、冷たいお茶、分別するゴミ等々、書物ではなく、生身で初めて接した日本の生活でのカルチャーショックというより、新鮮さと驚愕に襲われたことを今でも鮮明に覚えています。

在日年数が長くなるにつれ、次第に日本の生活や文化に慣れ始めると、今度は逆に母国の姿に驚かされるようになりました。それは中国が目まぐるしく発展、変化してきたという理由だけではなく、いったん母国を離れてみると、その文化の特異性がはっきり見えてきたからです。両国の相違点を目にするたびに、意識せずともいつしかその違いを比較し、おのずとそれらの現象の背後に隠されている文化的要因といったものを考えるようになっていきました。それが本書を書くきっかけになりました。

来日してから二〇数年が過ぎましたが、筆者はまだまだ日々、文化を比較する中で生活していますし、それは自分の生活の一部になってしまっています。

日中の文化を比較した著作はこれまで実に数多く世に出されています。なかでも次の二系統が圧倒的に多いようです。一つは「古典文献を中心にした伝統文化の比較研究」、もう一つは「現代両国民の生活や行動上の相違から比較、分析したもの」です。前者はおおむね学究的で、表現は硬く、注釈や引用文も多いため一般読者に敬遠される恐れがあります。一方後者は、現象の列挙に終始する恐れがあります。

本書では生活や文化の相違から問題を取り上げ、古典文化の中にその要因を探り、日中両国文化の本質とその差異が生まれる根本要因を探ろうとしています。つまりこれまでの二系統の手法を合わせ使うわけですから、両者の「恐れ」に陥る可能性は否定できません。

中国の古典を研究領域とし、大学では比較文化を教えている筆者にとって、いかにわかりやすく、興味を失わずに読めるような書き方にするのかが最大の課題でした。そこで敢えて注釈や引用文は付けず、誰でも理解できる身近な例を示すことで両国の文化的な相違の分析に努めました。

これは筆者にとっても一つの大きなチャレンジでした。本書は中国文化の特異性を分析しながら、中国文化の特質や中国人の思考の特徴を指摘しています。もし本書が中国人や中国文化を理解する一助になり、中国との友好的な交流に何らかの役割が果たせるなら、これ以上の喜びはありません。

最後になりましたが、本書の出版を引き受けて下さった論創社の森下紀夫社長には感謝の言葉もありません。

二〇一八年七月七日

趙　方任

趙 方任（ちょう・ほうじん）
1970年中国吉林省生まれ。北京大学中国文学科卒業。新聞記者、編集者を経て来日。東京学芸大学、東京都立大学人文科学研究科中国文学専攻修了。文学博士。現在は大妻女子大学准教授。
主な著書に『唐宋茶詩輯注』『日中茶道逸話』『茶詩に見える中国茶文化の変遷』『中国文化講座』、そのほかに論文、翻訳多数。

中国人とはどういう人たちか——日中文化の本源を探る

2019年1月20日　初版第1刷印刷
2019年1月30日　初版第1刷発行

著　者　趙 方任
発行者　森下紀夫
発行所　論 創 社
東京都千代田区神田神保町 2-23　北井ビル（〒 101-0051）
tel. 03（3264）5254　fax. 03（3264）5232　web. http://www.ronso.co.jp/
振替口座 00160－1－155266

装幀／宗利淳一
印刷・製本／中央精版印刷　組版／ダーツフィールド

ISBN978-4-8460-1781-1